DE HERISEM MOLEN

Industrieel archeologische studie

op basis van een bedrijfsarchief

Jos De Gelas

DE ARCHAEOLOGISCHE PERS

Lelielaan 3

5582 GH AALST-WAALRE

tel. 04904 - 4448

ISBN 90-6585-024-4

Dit boek wordt gepubliceerd voor:
Jos De Gelas, Sint Genesius-Rode,
met medewerking van heemkring 'de Sprokkelaar' v.z.w.

INHOUD

DE HERISEM MOLEN

Industrieel archæologische studie op basis van een bedrijfsarchief

I - INLEIDING

Een vorm van voldoening en een opluchting zijn de gevoelens die bij mij heersen tijdens het schrijven van deze inleiding. Het is mij nu mogelijk terug te blikken op een periode van acht jaar studie en spanning welke hoofdzakelijk mijn vrije uren vulden. Niet alleen qua tijdsbeslag was deze studie voor mij van belang. Erbij komt de evolutie in mijn ideeën die het gevolg was van de totale aanpak volgens dewelke het onderwerp werd benaderd. De drang naar het herontdekken van de mens in zijn leven en werk was het leidmotief voor deze studie.
De weg die wij volgden was er één van vallen en opstaan. Het was steeds een puzzelen om uit de beschikbare bronnen een sluitende analyse te maken. Om de resultaten voor te stellen werd een splitsing gemaakt in volgende thema's. Na een - voorbereidend - hoofdstuk over de Brabantse papiergeschiedenis maakte ik een historische ontwikkelingsschets van het papierkartonbedrijf, dat het onderwerp vormt van deze studie. In aansluiting daarop komen enkele hoofdstukken waar 'cijfers en termen' de bovenhand hebben. We eindigen met een studie van de sociale toestanden zoals deze tot ons kwamen uit de geschriften en vertellingen. In de bijlagen zijn naast wat kleurgevende elementen ook twee korte studies opgenomen over twee nevenbedrijven van dit gemengd bedrijf, deze werden echter niet geschreven met de bedoeling te passen binnen deze studie.
Er rest mij nog een aangename doch moeilijke taak, namelijk diegenen te bedanken die zich gedurende deze lange tijd van voorbereiding hebben vrij gemaakt om mij te helpen met raad en daad. Ik heb eraan gehouden hierbij geen namen te noemen om te voorkomen iemand te vergeten en ik ben ervan overtuigd, dat niemand mij dit zal kwalijk nemen.

Na dit alles blijft toch een bepaald misnoegen ... want ik weet heel zeker, dat dit werk onvoltooid is. Niet alles werd bestudeerd met evenveel kennis. Rekening houdend met deze beperking hoop ik, dat dit werk een bijdrage mag zijn tot de studie van ons industrieel erfgoed; en een beginschakel in de ketting van deze nog jonge wetenschap.

Sint-Genesius-Rode, oktober 1982

2 - BRABANT, CENTRUM DER BELGISCHE PAPIERPRODUKTIE

Dit deel uit het boek is een losse studie die niet gemaakt werd om in deze bedrijfsstudie te kaderen. Toch willen we deze toevoegen aan het boek daar het een vrij duidelijke kijk geeft op de historische ontwikkeling van de Belgische en dan in het bijzonder de Brabantse papiernijverheid. Door de tekst over te nemen zijn er wel enkele dubbele gebruiken ontstaan waarvan wij hopen dat zij de lezer niet al te veel als storend zullen overkomen.
Er wordt hier een studie beoogd van deze industriële sektor op basis van een veelheid aan bronnen zonder dat wij echter een jarenlange studie hebben gemaakt van archieven. Hierbij zijn wij er degelijk van bewust dat de wetenschappelijke waarde van onze besluiten eenvoudig kan genegeerd worden. Tegenover zij die dit wensen te doen, stellen wij enkel de vraag: 'Geef ons een waardig alternatief?'

De voorgeschiedenis

Het eerste papier werd in het oosten vervaardigd en meer bepaald in China uit de vezels van de bamboeplant. Door diverse kontakten tussen volkeren vond het produkt zijn weg over Azië, het Midden-Oosten en Afrika naar het Europees kontinent. De basistechniek bleef ongewijzigd en de enige verandering die men trof was het zoeken naar een grondstof die in eigen streek voorradig was en aan de gestelde kwaliteitseisen van een volwaardig produkt voldeed. Bij de introduktie in Europa had men de techniek van het papiermaken reeds aan een bepaalde mechanisatie aangepast, zodat de zwaarste arbeid verricht werd door watermolens. Een belangrijke stap in de verspreiding van het papier over het Europees kontinent zou gezet worden door de kruisvaarders.
Via de handelsweg over zee, die Vlaanderen verbond met het zuiden, voornamelijk Italië, werd het papier vanuit deze streken in ons land ingevoerd. De aanvoer gebeurde voor het eerst blijkbaar op het einde van de 13e eeuw. De eerste konsumenten in ons land waren de stedelijke administraties, eerst in Vlaanderen, later ook in het binnenland. De vraag naar papier vanuit deze burgerlijke instellingen verliep tijdens deze jaren volgens een traag stijgende curve. Het vraagpatroon werd voornamelijk bepaald door het komplexer worden van de administratieve procedures, waardoor het nodig werd om een bepaalde vorm van informatiedragers aan te wenden.

Daar er geen monsterachtige vraag werd geschapen was het mogelijk om via import het nodige aanbod te zetten tegenover de traag groeiende vraag. Een **werkelijke** stimulans voor het opzetten van een eigen nijverheid te lande treffen we niet aan voor de 15e eeuw. Mogelijk kunnen we dit als verklaring beschouwen voor de afwezigheid van papiermolens in ons land tot de 15e eeuw.

De eerste papiermolens in Brabant: de 15e eeuw

Tijdens de 15e eeuw ontstaan in Brabant de eerste papiermolens van ons land. Buiten Brabant kennen we nóg een centrum in de 15e eeuw. Gezien de restrikties die wij ons hebben opgelegd bij de aanvang van ons onderzoek zullen we dit niet nader behandelen. Wanneer we de geografische spreiding beschouwen van de papiermolens in Brabant zien we twee duidelijke kernen, namelijk Brussel en Leuven. We zullen beginnen met een bespreking van Brussel, het oudste en tevens voornaamste produktiegebied.
Het is onze bedoeling om een hypothese op te bouwen welke een gegronde verklaring geeft voor de ontstaansgeschiedenis van onze papiermolens. Een degelijke hypothese hebben we nooit aangetroffen in de bestaande bronnen - hoewel sommige auteurs oppervlakkig wel eens refereren aan een aantal invloedsfaktoren. Een gebrek aan duidelijk richtinggevend bronnenmateriaal is hiervoor volgens mij de verklaring. Mijns inziens diende ik uit te gaan van een duidelijke vraagstelling om een gepast antwoord te kunnen formuleren. Ik meen het probleem als volgt te kunnen samenvatten: 'Waarom kwam in Brabant een papiernijverheid tot stand in de 15e eeuw hoofdzakelijk bestaande uit een gordel van bedrijven gelegen om Brussel?'. Om tot een globaal antwoord te komen zijn wij verplicht de diverse details uit de vraag afzonderlijk te behandelen in opeenvolgende stappen.

Waarom de 15e eeuw?

Een eerste element uit onze vraag is de datum van de oprichting. De diversiteit aan invloedsfaktoren die we kunnen aanhalen maakt een onderzoek niet eenvoudiger. De meest bepalende faktor menen wij te kunnen beschrijven als de economische wetmatigheid die aan de basis ligt van het oprichten van industrieën in een bepaald gebied. Als een vorm van ondergeschikte vraag zoeken we ook naar een antwoord op het volgende: waarom ontstond tijdens de 15e eeuw een dusdanig vraagoverschot in België naar papier dat verschillende personen het waagden om het ondernemingsrisiko te aanvaarden, verbonden aan de oprichting van een papiermolen? Centraal thema is dus een grondig onderzoek naar vraag en aanbod van papier op onze

nationale markt. We hoeven wel te beklemtonen, dat dit onderzoek niet kan steunen op cijfermateriaal, wat een aantasting inhoudt van de wetenschappelijke waarde der bevindingen.
De kennis van papier als informatiedrager werd opgedaan tijdens de kruistochten (die nog andere technieken hebben overgebracht naar onze streken). Toch was papier niet onmiddellijk een produkt dat de markt ging 'overspoelen' en oude informatiedragers, voornamelijk perkament, verdrong. De kloostergemeenschappen bleven hun skripties maken op perkament. Zo zien we dat papier aanvankelijk enkel gebruikt werd in de administratie van de burgerlijke besturen binnen de steden. Steden, die nog vrij jong waren en aangroeiden. Het gebrek aan kennis van de techniek om papier te vervaardigen was een verdere rem. Gezien de vraag beperkt bleef en slechts traag groeide kon men eenvoudig beroep doen op de aanvoer van het produkt uit het buitenland. Dit was geen probleem daar de handel een voorname plaats had in onze economische werkzaamheden en het geen supplementaire inspanningen of kosten veroorzaakte. De zich traag ontwikkelende vraag werd dus geheel opgevangen door een import van papier uit het zuiden, voornamelijk Italië.
In de eerste jaren van de 15e eeuw zou de vraag naar papier een duidelijke verandering ondergaan. Het ontwikkelen van nieuwe technieken in de drukkunst en het verspreiden van ideeën in boekvorm door humanisten creëerden een sterk toenemende vraag. Daar de stijgende vraag naar papier in gans Europa zich op dit ogenblik voordeed kon de import de bestaande vraag niet bevredigen. Deze onevenwichtige evolutie van vraag en aanbod deden de papierprijs stijgen. Wanneer de prijs uitsteeg boven een bepaald peil werd het economisch rendabel om een eigen produktie te ontwikkelen. Deze economische wetmatigheid heeft zich voltrokken in België tijdens de eerste helft van de 15e eeuw.

Waarom in Brabant

Waar het nu duidelijk geworden is waarom en op welk tijdstip de papiermolens in België ontstonden moeten we ons nog bezinnen over de vestigingsplaats zelf. Wij menen dat hierbij kan gesteund worden op feiten, die ook in ons huidig economisch bestel de bedrijfsinplantingen bepalen. De aanwezigheid van een bron voor mechanische aandrijving was tijdens de middeleeuwen een sterk bindende faktor. Daar bij het vervaardigen van papier ook veel water werd gebruikt is het duidelijk dat de vestiging ging gebeuren langs waterlopen. Windmolens waren wel gekend, maar kwamen niet in aanmerking daar zij meestal te ver van een waterbron gelegen waren. Het is vrij begrijpelijk, dat men voor het oprichten van de papiermolens uitzag naar de meest geschikte waterlopen. Vanwege de natuurkundige aard en de hydrografische struktuur was een bepaald gedeelte van Brabant uitzonderlijk geschikt voor de oprichting van watermolens. De grens wordt gevormd door de Zenne. Langs de rechteroever treffen we een streek aan met diep ingesneden valleien en snelvlietende beekjes. Tegenover het vrij vlakke Pajottenland op de linkeroever van de Zenne was dit het geschikte terrein voor watermolens.

De uitzonderlijke gesteldheid van de bodem is echter op zich geen afdoend feit om de vestiging van de bedrijven te bepalen. Ook andere streken in ons land vertonen deze natuurlijke kenmerken en daar treffen we geen papiermolens aan. In de late middeleeuwen had ieder hertogdom of graafschap in ons land een eigen karakter. Vlaanderen was een wereldbekend centrum van lakenproduktie en deze nijverheid slorpte dan ook alle beschikbare arbeidskrachten op. Brabant daartegenover had zich eerder ontwikkeld tot een handelsgebied waar de transit van goederen primeerde. Een welbepaalde industrie primeerde niet in Brabant en daardoor was er nog een potentiële arbeidsmarkt die een nieuwe industrie kon opvangen. De zich ontwikkelende dorpskernen langs de rand van het Zoniënwoud vormen hiervan een mooi voorbeeld. De nabijheid van het woud - dat voor een deel ter beschikking stond van de bevolking - was een ander pluspunt. De aanvoer van bouwmaterialen was helemaal geen probleem, zeker als we weten dat de hertogen de industriële aktiviteit stimuleerden.

Een andere bepalende faktor is meestal de nabijheid van een afzetmarkt voor de produkten van de industrie. De rol van Brussel is hierbij niet te verwaarlozen. De herstrukturering van het hertogdom Brabant had Brussel gepromoveerd tot een administratief centrum met een eigen rekenhof, sinds 1404. Hierdoor was er een bepaalde vraag te Brussel zelf naar papier. Toch kunnen we ons moeilijk voorstellen dat enkel de vraag van de plaatselijke administratie de grote hoeveelheid van bedrijven om Brussel kan verklaren. Brussel was administratief belangrijk, maar had tijdens de 15e eeuw slechts één drukkerij. De vraag was dus maar gematigd ten overstaan van de snel groeiende produktiekapaciteit. Wij menen dan ook dat de produktie van de Brabantse bedrijven mede bestemd was voor een beperkte transit naar andere afzetmarkten in ons land. De transitfunktie van deze regio was daarbij een geschikt aanknopingspunt. Van een beperkte nationale uitvoer vinden we nog sporen terug in gegevens uit de 18e eeuw, waar we zien dat een bepaald bedrijf zijn afzet volledig afstemt op Mechelen.

We kunnen stellen, dat de ontwikkelingsgeschiedenis van onze inlandse papierproduktie voornamelijk steunt op het samengaan van elementen verklaarbaar tegen een achtergrond van economische wetmatigheden. De krachtlijnen zijn als volgt te resumeren: een plotselinge vraag- en aanbodsrevolutie in de eerste jaren van de 15e eeuw in ons land deed een papierindustrie ontstaan in een gebied dat voordelen haalde uit zijn natuurlijke condities; en dat een gunstig toekomstperspektief had vanwege de gunstige markt, zowel voor eigen consumptie als beperkte uitvoer.

Laat in de 15e eeuw komt ook Leuven op

Te Leuven kent de ontwikkeling van de papiermolens een totaal andere geschiedenis dan te Brussel. De eerste molen werd er opgericht te Heverlee in 1493. De bedrijven die te Leuven ontstonden hadden hun levensvatbaarheid te danken aan de aanwezigheid van belangrijke drukkerijen. Tijdens het laatste kwart van de 15e eeuw had men te Leuven vijf drukkerijen. Jan van Westfalen was de bekendste onder hen en hij drukte niet minder dan 200 van de 900 gekende incunabelen. De papiermolens te Leuven zijn ontstaan als een verlengstuk van de drukaktiviteiten. Een andere onmiskenbare faktor en stimulans bij de oprichting van papierbedrijven was de stichting der universiteit in 1426. Deze tendens tot het oprichten van papiermolens dichtbij een belangrijk afzetgebied zou zich in latere tijden blijven manifesteren, tot in de 18e eeuw. Het wezenlijke verschil van de Leuvense bedrijven met deze uit het Brusselse was, dat zij enkel afgestemd waren op de bevoorrading van de plaatselijke markt. De molens bleven in aantal dan ook vrij beperkt en konden in aanzien niet optornen tegen het papiercentrum in centraal Brabant.

Vestigingen rond Brussel

De meeste molens vinden we op twee zijrivieren van de Zenne, namelijk de Woluwe in het noord-oosten t.o.v. Brussel en de Molenbeek in het zuidwesten. De eerste papiermolens werden gevestigd te: Sint-Genesius-Rode (1440), Schaarbeek (1445), Linkebeek (1459), Dworp (1459), Ukkel (1476), Zaventem (1479), Diegem en Huizingen (15e eeuw).

Een beschrijving van een molen kennen we niet. Buiten de vermelding van hun bestaan weten we enkel nog wat over het karakter van de eigenaars. De meeste papiermolenaars bleken leden te zijn van een vrij zelfstandige klasse onder de lieden. Zo nemen zij het recht wel eens in eigen handen, wat soms wel botsingen met de gerechtelijke overheid als gevolg had. Door aktes van de schepenbanken kunnen we zo ver doordringen in de vroege papiergeschiedenis van ons land!

De ontwikkelingen tijdens de 16e eeuw

De groei in Brabant

In Brabant was men geheel het proefstadium ontgroeid. Een werkelijk monopolie van papierbedrijven vormde zich binnen de gordel om Brussel. Noch Leuven, noch andere, nieuwe kernen zoals Hoei, die ontstonden tijdens de eeuw konden de uitbouw van dit monopolie remmen. Hoewel de uitbouw van een eigen inlands aanbodsprofiel groeide bleven wij nog in belangrijke mate papier invoeren uit overzeese gebieden. Dit was het gevolg van een nog steeds te trage aanbodsgroei maar zeker ook vanwege het gebrek aan spitstechnologie, om kwaliteitspapier te vervaardigen. Zo zien we dat een belangrijke drukker te Antwerpen - Plantijn - beroep blijft doen op importpapier uit Frankrijk. We kunnen stellen, dat er een zekere, maar slechts geleidelijke, groei was van het aanbod uit de eigen markt, zowel kwa hoeveelheid als wat de kwaliteit van de afgeleverde produkten betrof. De uitverkoren regio voor de papiermolens bleef - niettegenstaande de forse groei - beperkt tot hetzelfde territorium als in de vorige eeuw. Nieuwe papiermolens werden gebouwd of bestaande watermolens schakelden over op de papierproduktie. Aan het einde van de eeuw telde men in Brabant (centrum) minstens 22 papiermolens. Het Zoniënwoud, dat voorheen reeds een grens was voor de verspreiding van de nijverheid naar Waals-Brabant blijkt nu ook nog een onoverkomelijke hinderpaal. Het grote aantal molens op de beken maakte een optimale benutting van de waterlopen noodzakelijk en gaf daardoor aanleiding tot vele kanalisaties. Alles liep zo maar niet van een leien dakje. Door het oprichten van een molen nabij de dorpskom van Sint-Genesius-Rode bijvoorbeeld, werd het gevaar voor overstromingen daar sterk verhoogd, wat alweer aanleiding gaf tot de nodige gerechtelijke disputen.

Enkele oprichtingsaktes

Uit de 16e eeuw zijn de oudste oprichtingsaktes gekend voor onze Brabantse gewesten. We kunnen ons op deze basis enig idee vormen over de toenmalige papiermolens. Twee praktische voorbeelden worden hierna behandeld. De eerste akte is deze van de molen nabij de dorpskom te Sint-Genesius-Rode, welke heden bijna geheel werd omgebouwd en niet meer het uitzicht heeft van een papiermolen. De toelating voor het oprichten van een molen werd verleend aan 'Wolfraad van der Cameren, koster te Rode', op 17 november 1546. Hij kreeg de toestemming tot het oprichten van een papier- of slijpmolen met twee kleine raderen op de plaats tussen Rode en Alsemberg, waar hij eigenaar was van twee weiden. Om zijn beroep te mogen

uitoefenen was hij aan de domeinen één gouden Carolus verschuldigd. Dit voorbeeld brengt ons onmiddellijk in aanraking met het probleem van de dubbele molens. Oorspronkelijk werd er in deze molen een dubbele aktiviteit - slijpen en papiermaken - bedreven. Hoewel dit geen alleenstaand voorbeeld is, blijft het wel een zeldzaamheid. De dubbele aktiviteit is mede een verklaring waarom de molen een beroep deed op twee waterraderen om de aandrijving te verzorgen. Later toen het slijpen werd opgeheven verwijderde men ook een der waterraderen waardoor het overblijvende gedeelte een hogere opbrengst had. Buiten deze beschrijving tasten we in het duister over technische aspekten van de papiermolen. We zien enkel nog, dat de eigenaar een persoon was met een bepaald aanzien in de toenmalige dorpsgemeenschap, die tevens een grote vorm van zelfstandigheid had, daar hij bezitter was van grond in volle eigendom. Het gebruik van de waterloop was echter onderworpen aan een bepaalde cijns.
Een andere gekende oprichtingsakte is die van de Herisem molen te Alsemberg, verleend aan Hendrick De Nayer op 18 september 1551, waarvan hier een uittreksel volgt:

> Hendrick de Nayere van een cleyn horincxken oft crommelken gelegen in de prochie van Dorpe op de moelen broeck vast aan de loopende beke ende die goeden der cueren der kercken ende huysarmen aldaer welcke plaetse lanck is der vs. beken afcommende omtrint hondertXXVII voeten boven breedt XXXII voeten ende beneden omtrint XXIIII voeten om op deselve plaetse te mogen maecken ende erigeren een papier moelen met eenen raderken, ende tot dyen de vs. waterbeke te mogen leyden ende steygen tot zijnen vs. moelen, sonder nochtans prejudierie oft achterdeel van yemand, opten erfchijns van XXVIII stuyvers brabants waeraf den iersten termijn van betalinge te kersmesse XVe 1j...

De beschrijving vertoont veel gelijkenis met de gegevens bekend over de vorige molen. Hier stelt zich echter niet het probleem van de dubbele aktiviteit bij de aanvang. Naar de afmetingen van het bouwperceel te oordelen kon het geen groot gebouw zijn. Ook werkte men er met één waterrad. De molenaar was hier minder welstellend en had geen eigendom volgens de terminologie van de akte te oordelen. Evenals voor de vorige molen was hij onderworpen aan een jaarlijkse cijnsplicht, hier tegenover de kerk van Alsemberg.

Stabiliteit

De papiernijverheid bleef tijdens deze eeuw gekenmerkt als een Brabantse eigenheid waar weinig wijzigde en al de bedrijven met elkaar vergelijkbaar waren. Het was een typische plattelandsindustrie, die via Brussel een afzetmarkt voor zijn produkten zocht naar de nabijgelegen centra en stedelijke entiteiten. Hoewel de vraag naar papier de industriële aktiviteit steeds weer waarborgen bood voor de toekomst, kwam er geen innovatie in de technische processen. Ieder bedrijf vertegenwoordigde een produktieketen; het aantal bedrijven was dan ook een directe aanwijzing voor de maximale produktiekapaciteit. Door de beperkingen, voornamelijk van de zijde der drijfkracht, bleef de konkurrentie met andere gebieden binnen ons land een realiteit.

De 17e eeuw: een nieuwe uitdaging

De opkomst van Nederland

Godsdiensttegenstellingen zouden het beeld van onze papiernijverheid voor het eerst wijzigen en voor nieuwe uitdagingen zorgen. Spanningen tussen katholieken en protestanten zouden een grens trekken tussen noord en zuid Nederland. Het noorden zou hierdoor worden afgesneden van de papiertoevoer uit Brabant en werd gedwongen zelf een nijverheid uit te bouwen. Door het uitwijken van protestanten uit het zuiden vond men vrij vlug vrijwilligers om in Nederland zelf een papierindustrie op te zetten, die een fantastische groei kende naar het einde van de eeuw toe.
De Nederlandse papierindustrie was praktisch onmiddellijk een zware tegenhanger van de Brabantse nijverheid. Tijdens de laatste helft van de eeuw werd in het noorden voor het eerst gebruik gemaakt van cylindermolens (zogenaamde 'Hollanders'). Deze mechanisatie van een gedeelte der produktie maakte een hogere produktiviteit mogelijk en gaf betere kwaliteiten papier. Beide faktoren zorgden ervoor dat onze bedrijven minder rendabel werkten dan deze bij onze noorderburen. Op de internationale markt zou Nederland aldus vrij vlug een gekende naam worden, een feit waaraan ons land - na meer dan twee eeuwen - nog niet durfde denken.

Gevolgen in Brabant

Toch stoorde men er zich in ons land weinig of niet aan dat dit alles te overwinnen was. De eigen afzet bleef immers stijgen, daar de vraag naar papier een niet omkeerbare stijgende trend bleef vertonen. Daarbij kwam nog dat onze markt bleef beroep doen op ingevoerde produkten en geen zelfvoorziening kon verwezenlijken. Toch moet als gevolg van deze nieuwe verhoudingen een eerste krisis ontstaan zijn in de Belgische papiernijverheid, die het opdoeken betekende van enkele der minst rendabele produktiecellen.
Dat enkele bedrijven door een faling getroffen werden stoorde de verdere

opgang van de papiernijverheid helemaal niet. We kunnen zelfs de vraag stellen of het sluiten van enkele bedrijven niet eerder te verklaren was uit de vele oorlogen, die tijdens de 17e eeuw in ons land (en dan veelal in Brabant) werden uitgevochten door legers van velerlei aard. Te Dworp ondermeer eiste de eigenaar van een bepaalde papiermolen een forse schadevergoeding ter kompensatie van vernielingen door legers van Spanjaarden en Fransen. Een ander feit, dat hiermee verband houdt is terug te vinden in de ontwikkelingsgeschiedenis van de papiermolens te La Hulpe. Tijdens de Franse bezettingen trok de oprichter van de eerste molen terug naar zijn geboorteland en liet het projekt een tijdlang in de steek.
Om zich te beschermen tegen de buitenlandse konkurrentie moest ons land óók zijn bedrijven aanpassen aan de nieuwe eisen van de industrie. Mogelijk werden de technieken, die in Nederland op punt werden gezet, reeds op het einde van de eeuw in België overgenomen. Enkele oprichtingsaktes van nieuwe papiermolens maken melding van moderne bedrijven, waarschijnlijk in vergelijking met de reeds bestaande. Voor het eerst zien we dat het mogelijk wordt om op een rationele basis bedrijven te klassificeren. Stilaan groeit een onderscheid tussen kleine en grotere ondernemingen: het aantal bedrijven is niet meer bepalend voor de totale produktiekapaciteit.

De Brabantse respons

Deze nieuwe tendens in de papiernijverheid wordt tamelijk goed verduidelijkt door de papierbedrijven van La Hulpe. In dit klein dorp van Waals-Brabant komt aan de rand van het Zoniënwoud een nieuwe kern van papierbedrijven tot stand. Voor het eerst zien we dat de Brabantse papierkern zich vergroot naar het zuiden toe - vanwege de overbezetting der rivieren in het oorspronkelijke kerngebied. Dit toont de expansieve kracht van de papierindustrie tijdens deze eeuw binnen Brabant. De nijverheid stond onder de bescherming van hogere autoriteiten en diverse financiële faciliteiten werden door de besturende hertog toegekend aan de oprichters. Deze bescherming was duidelijk erop gericht, op te tornen tegen de buitenlandse konkurrentiedruk en de eigen aktiviteit te stimuleren.
Het was in 1663 dat ene Pierre Geauthier toelating vroeg om een onbeperkt aantal papiermolens op te richten aan de zoom van het Zoniënwoud te La Hulpe. Deze Fransman had een gans ander inzicht bij de oprichting van zijn molens dan dat wat wij als gebruikelijk ontdekken in de vroege oprichtingsaktes. Hij start onmiddellijk met het idee van de uitbouw van een waar molen**complex** ter ondersteuning van zijn papiernijverheid. De oprichtingsakte is dan ook niet zonder belang en daarom volgt hier een uittreksel daaruit:

... de construire sur le ruisseau qui cousle depuis le vivier appelé Galmarde, le long du bois de Soigne, jusques au moulin de Tombeek aultant de moulins à papier que luy seront besoing pour faire du papier blancq fort fin, comme aussy du bleu de toutes sortes, de grande, moyenne et petite forme, tant pour escrire des lettres, missives et autres escrits, que pour imprimer de mesme manière qu'on le faict en France, en Italie et autres pays étrangers, comme aussi du papier propre à faire des cartes à jouer, mesme du papier à patron pour tapisserie ...

In 1665 waren de eerste twee molens reeds bedrijfsklaar. Als we de beschrijving letterlijk opnemen waren het echte paalwoningen. De heer Geauthier kreeg verder ook nog het beschikkingsrecht over twee reeds bestaande graanmolens in de buurt, namelijk te La Hulpe zelf en te Tombeek. Het bouwen van de molens verliep evenwel niet steeds van een leien dakje en de financiële toestand van de industrieel werd kritiek. De kredieten die hij hoopte vrij te maken uit zijn Franse bedrijven bleven geblokkeerd daar gevreesd werd in Frankrijk voor een ongeoorloofde konkurrentie. In 1668, toen de bestaande molens reeds een bewijs van rentabiliteit hadden geleverd, wist de bedrijfsleider de nodige kredieten van de overheid te verwerven voor de bouw van een derde molen, één met twee waterraderen. De uitbouw van het bedrijf werd overigens niet enkel gehinderd door financiële problemen. De oorlogen tussen Spanje en Frankrijk remden ook de expansie van de papiernijverhied. Omwille van de oorlogsgebeurtenissen trok Geauthier in 1667 en 1673 terug naar zijn geboortestreek. Zijn bedrijf werd overgenomen door de voornaamste Brusselse geldschieter. Toen Geauthier een tweede maal terug kwam, ontstonden ruzies en deze zouden bijna de ondergang van heel de onderneming tot gevolg hebben. Met nieuwe hulp van de overheid werden de geschillen in de mate van het mogelijke bijgelegd. In 1686, toen de bedrijven reeds enkele tijd overgenomen waren door Foppens, werden de vier bestaande molens met twee nieuwe aangevuld. De staatssteun aan deze nijverheid had een permanent karakter tot laat in de 18e eeuw (voornamelijk door een gunstige fiskale behandeling).

Voor het eerst ontstaat er nu in onze provincie een belangstelling voor de papiernijverheid bij grote papierverbruikers, zoals drukkers. Om hun papieraanvoer veilig te stellen - en denkelijk ook om kosten te besparen - werd door een aantal Brusselse drukkers beslag gelegd op Brabantse bedrijven. De drukkers Mommaert en Frickx zouden zo beslag leggen op een fabriek te Rode. Andere bedrijven werden eigendom van voddenkooplieden, die aldus hun eigen grondstoffen omwerkten tot een keurig eindprodukt. Wij mogen met vrij grote zekerheid aannemen, dat voornamelijk argumenten als winstgevendheid hier aan de basis lagen. Stilaan begint zich een komplexe struktuur te vormen in de papiernijverheid, waarin een onderscheid kan worden gemaakt tussen de kleine ambachtelijke bedrijven en de reeds opkomende industrie. Er valt voor het eerst na meer dan twee eeuwen een verandering te bespeuren in de papierindustrie. Onder druk van de konkurrentie werd in de Brabantse regio gestreefd naar een kwalitatieve en kwantitatieve verbetering. De kwantiteit was nog steeds een kwestie van het oprichten van nieuwe bedrijven. Om de kwaliteit te verhogen ging men een beroep doen op buitenlandse specialisten. Ook was het de bedoeling om op dergelijke wijze vlug in te pikken op technische nieuwigheden.

De pre-industriële 18e eeuw

Buitenlandse invloeden

De papiernijverheid werd steeds gekenmerkt door een forse groeitendens in vraag en aanbod. De maatschappij ontwikkelde zich zodanig, dat papier niet meer weg te denken was en steeds maar een voornamere plaats kreeg. Het perkament, de informatiedrager bij uitstek tijdens de middeleeuwen, was geheel verdreven. Steeds werden nieuwe markten ontsloten door het creëren van nieuwe papierfunkties. De papiernijverheid was werkelijk een sektor met vele onschatbare toekomstperspektieven.
Tijdens de 18e eeuw had de West-Europese markt een nieuw uitzicht gekregen. Het produktiezwaartepunt verschoof geleidelijk naar het noorden. Nederland en Engeland werden rechtstreekse konkurrenten voor Frankrijk en, in mindere mate, Italië. Onze nationale nijverheid werd door deze verschuiving niet zozeer bedreigd, daar wij nooit aan export dachten. Onze aanbodskurve was zowel kwalitatief als kwantitatief nog steeds inferieur aan de vraag. Onrechtstreeks zouden wij echter wél het slachtoffer worden van een krisis op basis van economische faktoren. Engeland en Nederland, twee grote producenten, hadden snel te maken met een tekort aan grondstoffen en deden een beroep op invoer uit landen waar de papiernijverheid klein of onbestaand was. Een ware prijzenslag was hiervan het gevolg op de Belgische markt. Het evenwicht in België werd verstoord en massa's vodden werden door de export opgeslorpt. Binnenlandse producenten konden de stijgende prijzen niet aan. Vooraanstaande producenten als Frickx, zouden dan ook niet terugschrikken om aan de regerende overheid beschermingsmaatregelen te vragen. Onder de vorm van plakkaten werd het verhandelen van vodden gereglementeerd, waardoor een bepaalde onnatuurlijke rentabiliteit van onze Brabantse industrie gevrijwaard werd. De strijd om te overleven werd nu voor het eerst een realiteit in de Brabantse nijverheid.

Technologie en vernieuwing

Het blijvend gebrek aan kwaliteitspapier, dat als een rode draad door de geschiedenis van onze papierindustrie loopt, zou zich blijven manifesteren. Tijdens de 18e eeuw werd dan ook meer en meer buitenlandse kennis geïmporteerd. Te Sint-Genesius-Rode werd een ware kolonie Nederlanders aangeworven om het papierbedrijf van Frickx te runnen. Deze situatie gaf aanleiding tot moeilijkheden tussen de bedrijfsleiding en de dorpsherder vanwege het gevaar voor de godsdienst. Dit fenomeen was geen alleenstaand geval en op meerdere plaatsen in Brabant treft men tijdens de 18e eeuw Nederlandse werkkrachten aan. Wij brengen dit in verband met het verspreiden van de cylindermolen, een Nederlandse uitvinding.
Hoewel Brabant de industrialisering volgt kunnen we toch niet spreken van een erg dynamische nijverheid. De wil om uit te groeien tot een industrie die de eigen markt kon bevoorraden of zelfs mogelijkheden had voor export was onbestaand. Hier is voornamelijk het plattelandskarakter van de Brabantse nijverheid de negatieve faktor. De Brabantse bedrijven (die meestal een kombinatie waren tussen landbouw en papiermolen) stelden zich erg gereserveerd op tegen de vernieuwingen. De kleine zelfstandige papiermakers waren niet industrieel 'minded'. Zij vielen veeleer terug op de landbouw dan op hun industriële aktiviteit, gezien de grotere overlevingskans binnen de landbouw. Het traditioneel handelen en denken van deze mensen werd nog gestimuleerd door de gedachtenkloof tussen stad en platteland. Slechts hier en daar treffen we een industrieel geleid bedrijf aan zoals te La Hulpe en te Sint-Genesius-Rode.
Tijdens deze eeuw hebben we voor het eerst de mogelijkheid ons te beroepen op cijfermateriaal om de Brabantse papiernijverheid te situeren in een nationaal kader. De statistiek is hoofdzakelijk gebaseerd op cijfermateriaal uit 1764. Voor dat jaar wordt de Belgische produktie van papier geschat op 130.000 riemen papier van elk 500 bladen. Omtrent 70.000 riemen daarvan werden geproduceerd binnen Brabant, hoofdzakelijk in het oude centrum van deze regio. De overwichtspositie van Brabant valt nog steeds niet te loochenen. Over de waarde van deze statistiek hebben wij wel onze twijfels. Voor de bedrijven uit Waals-Brabant werd enkel een schatting gemaakt van de produktie te La Hulpe, maar wij onderstellen dat tijdens de 18e eeuw reeds meerdere bedrijven in dit gebied bestonden. Dit feit en het gebrek aan gegevens voor de regio Leuven kan de stelling, dat Brabant de nationale papierproduktie beheerste alleen verstevigen. Hoewel we geen spektakulaire wijzigingen vaststellen in de loop van deze eeuw zou de algemene karakteristiek van onze papiernijverheid uit deze

periode de sporen dragen van de verdere toekomstige ontwikkeling. Het overvloedig aanleunen bij de landbouw en het plattelandskarakter waren niet bevorderlijk voor een industriële ontwikkeling.

De 19e eeuw: industriële revolutie in de papiernijverheid

Nieuwe methoden

Waar in feite struktureel praktisch niets wijzigde aan de papierproduktie tijdens de vorige eeuwen (zoals in de meeste nijverheden) zou dit in de loop van de 19e eeuw beslist **niet** het geval zijn. Internationaal was men reeds op zoek naar nieuwe mechanische produktieprocessen sinds 1798. De meeste pogingen waren gericht op het mechaniseren van het scheppen van papier. Grote tenoren en tevens rivalen bij het nastreven van dit doel waren Engeland en Frankrijk. In ons land gaat de aloude traditie immer door zonder zich te storen aan de bewegingen, die voelbaar zijn in de ons omringende markten. Pas in 1820, toen het kontinent na de Napoleontische oorlogen eindelijk tot rust was gekomen slaagde men erin, een operationeel mechanisch produktiesysteem uit te werken. Deze uitvinding in kombinatie met de opkomende stoomaandrijving betekende ook voor de papiernijverheid het sein voor een ongekende ontwikkeling die gans de eeuw door zou voelbaar blijven.

In ons land kwam de nieuwe stroming slechts met grote vertraging op gang. Voor dit feit zijn meerdere redenen aan te halen, die ieder hun invloed hadden. We mogen stellen dat een oorzaak van de trage ontwikkeling te zoeken was in onze afhankelijkheid van Nederland. Nederland, waarmee ons land toen één geheel vormde, overheerste ons en beschermde vooreerst de eigen industrie (die dan toch reeds enige tijd belangrijker was dan onze eigen nijverheid). De Brabantse regio werd onmiskenbaar verwaarloosd en kon zich niet meer beschermen door tussenkomst van de hertog, zoals dat voorheen wel gebeurde.

Een andere reden en mogelijk de belangrijkste, was de feitelijke struktuur van de Belgische papiernijverheid. Door eeuwenlange ontwikkeling hadden wij een papierindustrie die zich kenmerkte door zijn plattelandskarakter en zijn kleinschaligheid. In het kader van deze nijverheid zijn deze twee begrippen als het ware synoniem met elkaar. Slechts enkele bedrijven - meestal van recentere oorsprong - kunnen gerangschikt worden onder de grote bedrijven, een drietal van deze is gelegen binnen de provincie Brabant. De kleinschaligheid had tot gevolg dat vele bedrijven niet kapitaalkrachtig genoeg waren om de zware investeringen aan te durven, die het industrialiseren met zich bracht. Zij hadden de inkomsten van hun papierbedrijf ook meestal niet broodnodig, daar zij veelal aan landbouw deden. Dit laatste leverde hun grotendeels de levensnoodzakelijke consumptiegoederen op. Dit alles, in kombinatie met de traditionele terughoudendheid van plattelandsbewoners, maakte dat velen een afwachtende houding aannamen tegenover het aanvaarden van het industriële risico eigen aan het mechaniseren van hun nijverheid.

Bij al deze negatieve invloeden kwam dan ook nog eens, dat men geen beroep kon doen op een spontane aanbieding van extern kapitaal. De toenmalige grote kapitaalleveranciers hadden eerder reeds brood gezien in andere industriële sektoren waar het sukses van de industriële revolutie reeds enige tijd bewezen was. Het duurde dan ook tot na de onafhankelijkheid van ons land (1830) voor we de eerste sporen van werkelijke industrialisatie merken. Daar Brabant nog steeds de toonaangevende regio was hoeft het ons niet te verwonderen dat daar ook de eerste sporen te vinden zijn. De bronnen zijn het er over eens, dat het in de fabrieken van De Meurs uit Sint-Genesius-Rode was dat men de eerste papierkontinumachine plaatste, aangedreven door een stoommachine.

Verwonderlijk genoeg moeten we vaststellen, dat tijdens de eerste helft van de 19e eeuw onze papiernijverheid niet te lijden had onder konkurrentie van de mechanisatie. De voornaamste oorzaak hiervan is onmiskenbaar de onafhankelijkheid van ons land. Door dit gegeven werd voor de nationale papierproduktie een beschermde markt geschapen waarbinnen nog steeds een onderproduktie bestond. De buitenlandse konkurrentie werd geweerd door het heffen van toltarieven, wat toen een algemeen aanvaard principe was. Zowel grote als kleine bedrijven konden hun produktie laten toenemen met dit verschil echter, dat het enkel in de grote bedrijven was als deze te Zaventem, Rode en La Hulpe, dat gemechaniseerd werd. Het belangrijkste bedrijf uit deze periode was waarschijnlijk wel dit te Sint Genesius-Rode, van De Meurs. Zij wisten van de Nationale Bank het monopolie te verwerven op de produktie van de Belgische bankbiljetten. In de kleinere ambachtelijke bedrijven werden de industriële risico's gelimiteerd tot uitbreidingsinvesteringen van het klassieke type.

Grootschalige mechanisaties

Een ommezwaai en krisis vond in de papiernijverheid plaats omstreeks 1847-48, toen gans ons land in een toestand van hongersnood en werkloosheid terecht kwam. Vele bedrijven werden gedwongen tot inaktiviteit. Zoals beschreven in de economische theorieën werden in deze periode zware selekties gehouden. Alle bedrijven die leefden op de rand van de rendabiliteit moesten eraan geloven. Ook verdween plotseling het handgeschept papier uit de markt. Hierdoor bleven nog alleen de grote bedrijven die reeds voorheen zich hadden aangepast in stand. Vele kleine papiermolens werden in deze periode omgebouwd tot graanmolen - wat een vrij logische evolutie was. Een handvol bedrijven, hoofdzakelijk gekoncentreerd in de vallei van de Molenbeek tussen Rode en Dworp wist aan dit vonnis te ontsnappen. Zij specialiseerden zich in het produceren van karton, een nevenprodukt van papier, dat de markt nog moest veroveren en nog niet op industriële schaal geproduceerd werd. Naast de grote papierfabrieken zouden deze bedrijven zich vlug opwerken tot vrij rendabele KMO's. Karton was een produkt, dat vrij grote bijval genoot als verpakkingsmiddel. De uitbouw van een eigen markt kreeg in de tweede helft van de 19e eeuw forse steun door de groeiende internationale handel geschraagd op de nieuwe vrijhandelsgedachte binnen de economische theorie. Wij zien dat het bedrijf van de familie Winderickx uit Alsemberg reeds in 1864 zijn produkten wist te verspreiden buiten de nationale grenzen, een feit dat de papierindustrie nooit had kunnen verwezenlijken.

Zoals typisch voor de industriële revolutie zou zich in de papiernijverheid ook de stroomversnelling van de industrialisatie en mechanisatie manifesteren naar het einde van de eeuw toe. Dit wordt hoofdzakelijk gekenmerkt door een meer dan proportionele aangroei van de aandrijvingskapaciteit en een toenemende mechanisatie, die zich steeds maar perfektioneerde. De meeste grote komplexen streven dan ook naar een aangepaste beheersvorm. Na fusies groeien de meeste bedrijven in Brabant uit tot naamloze vennootschappen met nog wel een uitermate familiale struktuur. In Zaventem komen praktisch alle nog bestaande papiermolens onder één beheer. De fabriek van La Hulpe wordt een groot bedrijfskomplex, dat later fusioneerde met de papierfabrieken van de Warche. De Meurs sticht een NV, die drie bedrijven beheert, gelegen te Rode, Dworp en Huizingen.

Tegenover deze grote papierkoncerns staan de familiale KMO's van de kartonfabrieken. Ook zij verwezenlijken een eigen groeiproces maar komen nooit tot vergelijkbare strukturen en blijven hun oude familiale vormen zonder persoonlijke bescherming bewaren. De nationale wetgeving voorziet nog geen speciaal beschermde statuten. Hierdoor zijn zij aangewezen op grotere voorzichtigheid, daar het nog hoofdzakelijk persoonlijke kapitalen zijn, waarmee gewerkt wordt.

De huidige evolutie en problemen

De twintigste eeuw is feitelijk de zwartste bladzijde uit onze papiergeschiedenis, als gevolg van het oorlogsgeweld en de krisissen. De sektor heeft

vandaag te kampen met ernstige moeilijkheden, bedrijven dienen hun aktiviteiten te stoppen of hun arbeidersaantal sterk te reduceren.
Bij de aanvang van de eeuw werd nog druk gezocht naar nieuwe markten, voornamelijk door de kartonfabrikanten. Toch werd er op meerdere vlakken een bepaalde verzadiging bereikt, daar de situatie van totale vrijhandel werd doorbroken; en ook omdat gebieden als Noord-Europa en Zuid-Amerika een eigen produktie op gang brachten. Verder zien we het intreden van de elektriciteit in menig bedrijf; eerst als verlichtingsbron, later voor de aandrijving. Deze nieuwe ontwikkelingen werden echter plotseling onderbroken door het uitbreken van de eerste wereldoorlog.
Voor België was dit evenement een ramp, onze industrie werd grotendeels lam gelegd. Diverse bedrijven werden ontmanteld. Het machinepark werd door de bezetter opgeëist. Energie, die voornamelijk werd geleverd door eigen steenkool, was schaars en transport kon geheel niet verzekerd worden bij gebrek aan middelen en het steeds dreigend oorlogsgevaar. Ons land werd op de koop toe ook nog afgesloten van de internationale markt. Hierdoor konden wij niet inpikken op de evoluerende know-how en was er een gebrek aan grondstoffen: een niet onbelangrijke hoeveelheid van deze werd ingevoerd. Maar ook het einde van de gewelddaden betekende niet onmiddellijk het hernemen van de economische aktiviteit. De heropbouw duurde niet minder dan drie jaar voordat men kon spreken van een normale situatie, maar daarmee had men nog lang niet de opgelopen achterstand ingelopen. Het initiatief om nieuwe investeringen te doen bleef op vele plaatsen enige tijd uit. Aan de basis van deze aarzeling lag het onzekere financiële klimaat, dat ons land kenmerkte tot de ingrepen in 1926, die een drastische devaluatie met zich brachten. De economische groei was echter van korte duur, daar reeds in 1929 het spook van een wereldkrisis zich manifesteerde. Enkele bedrijven gingen in deze tijd voor de tweede wereldoorlog dan ook over de kop. Bij de regering werd door een overkoepelende organisatie van de papiernijverheid, een nieuwe instelling, aangedrongen op beschermingsmaatregelen. Doch voor velen kwam het maatregelenpakket van 1939 te laat. Een sterke konkurrentie kregen we vanaf dit ogenblik vanuit de Noord-Europese markt. Men had daar een nieuw produktiesysteem uitgewerkt, dat vertrok van hout als grondstof. Ons eigen papier kon daartegen niet optornen, daar er enorme prijsverschillen waren. Tijdens de tweede wereldoorlog lag de aktiviteit niet geheel stil, zoals in 1914. De licht verminderde aktiviteit gaf aanleiding tot een adempauze voor de verschillende bedrijven. De meeste bedrijven kwamen zonder al te veel kleerscheuren uit de strijd en vrij vlug was het mogelijk de aktiviteit volledig te hernemen. De meeste bedrijven kenden zoals bij de aanvang

van de industriële revolutie een voorspoedig bestaan. De steeds maar groeiende vraag naar produkten van de consumptiemaatschappij maakte een kontinue groei mogelijk. De onbezonnen groei, waar weinig aandacht werd besteed aan renovaties in het machinepark en de ongelijkmatige groei van lonen en andere kosten, veroorzaakte bij de aanvang van onze huidige krisis een rampzalig effekt. Opnieuw was er sprake van bedrijfssluitingen en massale werkloosheid. De grote entiteit Intermills, die de belangrijkste bedrijven in ons land omvatte, diende ontbonden te worden en slechts een aantal bedrijven wist zich te handhaven. Het filiaal te Huizingen moest echter zijn deuren sluiten, welk ook de inzet van de arbeiders was om hun broodwinning te beschermen.

FABRIQUE DE CARTONS

Fr.-Xavier WINDERICKX

CARTONS A LA MAIN

GRIS, DEMI-BLANC, CUIR POUR CHAUSSURES

3 - DE ONTWIKKELINGSGESCHIEDENIS VAN DE HERISEM MOLEN

De pre-industriële periode

De oprichting

De ontdekking van het papier was een grote vooruitgang. Meer gegevens konden op een goedkoper manier worden opgetekend. Als verpakkingsmateriaal zou het papier pas later een voorname rol krijgen. Bij ons ontstond de papierproduktie zoals we al zagen tijdens de 15e eeuw; zij groeide in de volgende eeuwen uit, ondermeer onder invloed van de boekdrukkunst.
Twee faktoren liggen aan de basis van de bloeiende papiernijverheid in de streek tussen Zenne en Zoniën [1]. Het geografisch profiel van deze streek met zijn snelvlietende beekjes was uiterst geschikt voor het oprichten van watermolens, toentertijd de voornaamste bron van drijfkracht. Als tweede faktor hadden we de nabijheid van Brussel, sinds 1404 het administratief centrum van de hele streek. Te Dworp vond men dan ook al in een geschrift van 1460 een vermelding van een 'papiermolder' [2].
Bij de oprichting van de Herisem molen - oude volksnaam voor de molen - werd aan de al eerder genoemde Hendrick de Nayer het volgende oktrooi verleend [3]:

> Hendrick de Nayere van een cleyn horincxken oft crommelken gelegen in de prochie van Dorpe op den moelen broeck vast aan de loopende beke ende die goeden der cueren der kercken ende huysarmen aldaer welcke plaetse lanck is der vs. beken afcommende omtrint hondert XXVII voeten boven breedt XXXII voeten ende beneden omtrint XXIIII voeten om op deselve plaetse te mogen maecken ende erigeren een papier moelen met eenen raderken, ende tot dyen de vs. waterbeke te mogen leyden ende steygen tot zijnen vs. moelen, sonder nochtans prejudierie of achterdeel van yemand, opten erfchijns van XXVIII stuyvers brabants waeraf den iersten termijn van betalinge te kersmesse XVe 1j.

Bij een zorgvuldige ontleding van de tekstinhoud ontdekken we enkele belangrijke aanwijzingen betreffende de molen. Zoals iedere molen in deze tijd werd de Herisem molen opgericht als banmolen [4]. Alle termen, die in de oprichtingsakte voorkomen wijzen op deze toestand. Zoals blijkt uit de oprichtingsakte en latere geschriften was de kerk van Alsemberg de eigenaar en tevens inner van de jaarlijkse cijns. Over de molen zelf komen we enkel te weten, dat hij aangedreven werd door één waterrad. De molenaar kreeg ook een aantal rechten om het water naar zijn behoeften af te leiden en te stuwen. Dat het een klein ambachtelijk bedrijf betrof kunnen we afleiden uit de beschrijving en ook uit de oppervlakte van het perceel waarop de molen werd opgericht. Hierbij dient te worden aangetekend, dat de papiernijverheid geen huisnijverheid was. Tussen de bedrijfsgebouwen en de woonruimte was een volledige scheiding. Te Herisem stond er bij de molen zelfs geen woonhuis.

Om de molen op een behoorlijke wijze te laten funktioneren werd in 1564 de beek verlegd [5]. Vreemd is wel dat deze verbeteringswerken pas dertien jaar na de oprichting van de molen werden uitgevoerd. Was het mogelijk, dat het zolang duurde voordat de molen klaar kwam?

Een nauwkeuring onderzoek van plannen en van de gebouwen zelf liet geen twijfels meer bestaan rond de inplanting van de eerste molen. Nog steeds bestaat het eerste molengebouw binnen het huidige gebouwencomplex. Het is meermaals verbouwd en kreeg steeds andere funkties. Of de huidige gevelstruktuur, een metselwerk van ijzer-zandsteen en ter plaatse gebakken klampsteen, de construktie is van 1551 konden we niet bepalen. Dit is weinig waarschijnlijk, daar beschrijvingen van de gebouwen in de gemeente Dworp uit de 17e eeuw geen molen vermelden die uit steen was opgetrokken. Pas in de 18e eeuw werden vele gebouwen uit de streek verbouwd van lemen vakbouw tot stenen bouwwerken. Mogelijk gebeurde deze verbouwing te Herisem in 1748 of 1778.

Uit deze periode zijn ons verder weinig dokumenten bekend. We kennen de meeste eigenaars van de molen, maar over het bedrijf zelf komt maar weinig aan het licht. In een akte van 1621 werd de molen als volgt beschreven: 'De molen was een prachtstuk. Er werd toen gewerkt met vier stampkuipen om papier te maken.' De beschrijving maakt ons duidelijk, dat het hier een ambachtelijke nijverheid betrof. Het ambachtelijke wordt nog onderlijnd door het samengaan van de papierfabriek met een boerderij.

Omstreeks 1760-70

Veel gegevens krijgen we uit een notitieboekje, dat door de heer Winderickx werd bijgehouden vanaf 1763 over een periode van bijna 10 jaar.

Vooreerst zullen we trachten het bedrijf te situeren binnen onze papierindustrie op nationaal vlak. Als referentie nemen we de beschrijving van de molen uit een overdrachtsakte van 1763. Het geheel staat als volgt beschreven:

> ... een pampiermolen metten huyse ende toebehoorten samen een halve bunder gem. geheten den pampiermolen te Herisem ... tegens de Heyde te Herisem ... belast met een cheyns van 1 G. 16 st. aen de kercke van Alsembergh ... [6].

We krijgen verder een beschrijving van de diverse landbouwgronden die eigendom waren van de molen, een totale oppervlakte van 5,5 bunder. De combinatie tussen papiermolen en boerderij was geen uitzondering. Meerdere bedrijven uit de streek hadden eenzelfde struktuur (bijvoorbeeld de papiermolen van de Steenput te Dworp). Het combineren van een ambachtelijke aktiviteit met een landbouwexploitatie was in Vlaanderen een algemene stelregel. Een statistiek van de papiernijverheid uit 1764 maakt ons duidelijk, dat de meeste papiermolens in die tijd werkten met 4 tot 5 arbeiders. Op de papiermolen te Herisem waren in die periode 5 werknemers in vast dienstverband. De combinatie met een boerderij was dus geen noodzaak meer op dat ogenblik, maar werd behouden, omdat het zo historisch gegroeid was. Het papierbedrijf werd enkel door de eigenaar beheerd, die zelf op de boerderij werkte.
Op grond van een aantal aanwijzingen trachten we het bedrijf te Herisem nog wat duidelijker te situeren. Hoewel de cijfers over de papierproduktie erg schaars (en onbetrouwbaar) zijn, hebben we getracht de produktie van de Herisem molen te schatten om een vergelijking te maken met het nationaal gemiddelde. De gemiddelde papierproduktie in de Belgische bedrijven voor 1764 was circa 1700 riemen per jaar. Uit het notaboekje weten we dat gemiddeld per maand circa 70 riemen papier geleverd werden aan een groothandel te Mechelen. Verder waren er jaarlijks nog enkele verkopen in Halle. Het totaal is nog maar 50% van wat een bedrijf in België gemiddeld produceerde. Als we echter rekening houden met de hoeveelheid grondstoffen, die werd aangekocht, zou men een veel hogere produktie moeten hebben te Herisem. Bij een afvalpercentage van 25 zou het bedrijf maandelijks circa 150 riemen papier moeten produceren. Dit cijfer ligt geheel in de lijn van het nationaal gemiddelde. We mogen dan ook stellen, dat slechts een gedeelte van de verkopen werd geregistreerd door de heer Winderickx. Een andere bevestiging, dat we hier te doen hebben met een bedrijf van gemiddelde grootte, vonden we op de Ferrariskaart, opgesteld omstreeks 1775. Alle papiermolens uit de streek tussen Zenne en Zoniën bestonden toen uit één bedrijfsgebouw, zoals de Herisem molen [7]. Alles wijst erop, dat de Herisem molen een middelgroot bedrijf was, dat kon konkurreren tegen de meeste andere papiermolens van die tijd. Er werd gewerkt met één schepkuip, wat we kunnen afleiden uit de tewerkstelling, die er heerste.

Welke technische installatie bezat de molen?

Tijdens de periode voor de industriële revolutie werden maar weinig innovaties gedaan in de papiernijverheid. De mechanisatie van het papierscheppen

gebeurde pas omstreeks de vorige eeuwwisseling. Slechts in het voorbereiden van lompen had men reeds geruime tijd eerder een spektakulaire innovatie gedaan. In Nederland trof men sinds omstreeks 1650 voor het eerst cylindermolens of 'Hollanders' aan ter vervanging van de stampkuipen. Door het introduceren van deze machines werd het mogelijk de produktie sterk op te voeren (bepaalde statistieken spreken van een verachtvoudiging!). Het tijdrovende bereiden van het papierdeeg werd hierdoor fors ingekort. Niet alleen werd door deze uitvinding een produktieverhoging gerealiseerd; tevens was de kwaliteit van het papier beter door de meer homogene struktuur van het papierdeeg. Cylindermolens kwamen enige tijd later in ons land ook voor. Wanneer en hoe dit gebeurde is niet duidelijk. Wel weten we met zekerheid, dat in een Dworpse papiermolen, gelegen achter de vroegere kerk, een dergelijke machine reeds in 1790 aanwezig was [8]. Theys veronderstelt, dat deze machines in onze regio algemeen voorkwamen vanaf 1750. Het introduceren van de mechanisatie ging ongetwijfeld gepaard met een grondige reorganisatie binnen de molen. We kunnen daarom aannemen, dat de introduktie van een cylindermolen te Herisem plaats vond omstreeks 1749 of 1778, toen belangrijke veranderingen aan de molen en de beek werden uitgevoerd. Mogelijk werd toen de cylindermolen geplaatst, die zich nu nog steeds in het bedrijf bevindt.
De kalander, een andere machine die bij ons gebruikt wordt in combinatie met een cylindermolen, moet uit dezelfde tijd stammen. Over het plaatsen van de kalander te Herisem hebben we evenmin zekerheid. Het is best aannemelijk, dat beide machines terzelfdertijd geplaatst werden.
Zo had te Herisem reeds voor de industriële revolutie een eerste mechanisatie plaats gevonden. Alleen hierdoor was het voor het bedrijf mogelijk het hogergenoemde produktiepeil te halen. Toch bleef het bedrijf zijn ambachtelijk karakter behouden - tot laat in de 19e eeuw - zoals we later zullen vaststellen.

Een nieuw woonhuis

Uit het voorgaande is duidelijk gebleken, dat in de papierindustrie (zoals in de meeste sektoren) weinig veranderde tijdens de pre-industriële periode. In gans het fabricageproces had men enkel de invoering van de cylindermolens voor 1820. Onder impuls van de industrialisatie begon men omstreeks 1798 in de papierindustrie met experimenten om het papierscheppen te mechaniseren. Voornamelijk in Frankrijk en Engeland werden pogingen ondernomen, die slechts resultaat hadden een twintig jaar later. Maar de invoering van mechanisatie werd ook op andere wijze belemmerd. Zo was er een

algemene kapitaalnood. Te Herisem bleek deze faktor tijdens het begin van de 19e eeuw echter géén probleem te zijn. In 1802 werd een nieuw woonhuis (het huidige) opgetrokken. Het gebouw was toen nog een combinatie van woonhuis en boerderij, zoals we kunnen zien op een foto uit 1882. Het gedeelte links van de ingang bevatte de stal en de hooizolder. Bij de bouw van dit nieuwe gebouw speelden overwegingen van representatie zeker een rol. De familie had lokaal een politieke belangrijkheid. Ze leverde vanaf 1833 tot aan het begin van onze eeuw de burgemeester van Alsemberg. Voordien had zij al een belangrijke rol gespeeld in de beleidsorganen van de gemeente Dworp.
Ondanks de kennelijke beschikbaarheid van kapitaal zou het echter geruime tijd duren voordat men te Herisem overging tot het mechaniseren van de papierproduktie. De troebele tijden tijdens het Napoleontisch en het Nederlands bewind zullen hieraan niet vreemd zijn. Toch was er nog een tweede en misschien belangrijker oorzaak. Er bestond in die tijd nog steeds een prioriteitskonflikt te Herisem tussen de boerderij en de papierfabriek. Vanwege de grotere bestaanszekerheid, die de landbouw toentertijd bood werd er steeds een afwachtende houding aangenomen tegenover nieuwe technieken. Slechts wanneer het sukses bewezen was ging men de nieuwigheden ook te Herisem aanwenden. Deze behoudende instelling van de bedrijfsleiding zou het bedrijf blijven kenmerken tot de twintigste eeuw.

De industriële revolutie

Documenten uit het bedrijfsarchief hebben uitgewezen, dat we vier periodes kunnen onderscheiden. Voor deze verschillende periodes kunnen we hoofdzakelijk de expansie en mechanisatie van het bedrijf schetsen. De evolutie van de verkopen en het produktiesysteem vormen de onderwerpen van latere hoofdstukken.

De eerste omwentelingen: tot 1857

Tijdens de periode 1800 tot 1835 had slechts één wijziging plaats te Herisem. Onder druk van de steeds groeiende vraag naar papier werd besloten een tweede produktiekuip in werking te brengen. Over de achtergrond van de plotse uitbreidingen tasten we in het duister, maar in meerdere bedrijven uit de streek zien we een zelfde evolutie. Het juiste tijdstip van de uitbreiding weten we evenmin, maar 1834 lijkt een goede schatting.
Bij de aanvang van de industriële revolutie op de Herisem molen werd de bedrijfsoppervlakte sterk vergroot. In 1834 werd een nieuw gebouw aan de molen toegevoegd. Door deze wijziging werd heel het bedrijf totaal

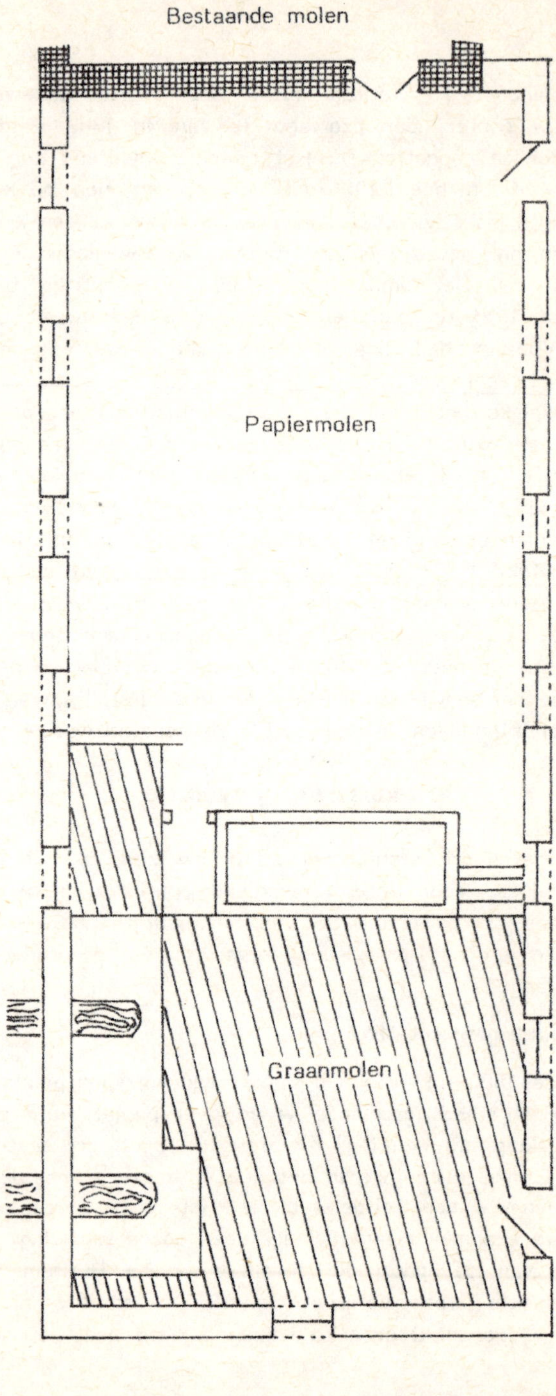

Plattegrond van het in 1834 opgerichte molengebouw

geherstruktureerd. Het bleef niet bij deze ene investering. Deze eerste stap veroorzaakte als het ware een golf van investeringen. Een gunstige evolutie van de vraag naar papier was hiervan de oorzaak.
In 1837 werd het produktievermogen nogmaals vergroot, door het bijplaatsen van een derde schepkuip. Sporen van mechanisatie treffen we nog niet aan. De uitbreidingen hadden echter tot gevolg, dat ook de drijfkracht moest worden aangepast. In 1838 deed men bij de provinciale overheid een aanvraag om de beek te verleggen en te kanaliseren over een afstand van zowat 500 m. Op basis van materiële sporen weten we, dat het hier ging over de plaatsing van een nieuw waterrad en de aanleg van een waterspaarbekken. Het onderslagrad, dat vanouds werd gebruikt, werd vervangen door een bovenslagrad, dat een grotere kracht kon ontwikkelen. Om de produktie te stabiliseren, was het nodig dat een spaarbekken werd aangelegd, zodat de watertoevoer verzekerd was gedurende de hele werkdag. Om een goede watertoevoer te verzekeren, werd een oudere molen, die meer stroomopwaarts lag, gesloopt [6]. Van deze molen vinden we geen sporen meer. De huidige eigenaar van de Herisem molen heeft er wel nog over horen vertellen door zijn voorouders.
Om een duidelijk overzicht te kunnen brengen van de investeringen uitgevoerd tussen 1840 en 1857 zullen we ons beroepen op een verzekeringspolis afgesloten in 1854. Op basis van de beschrijvingen die we vinden in deze polis hebben we een grondplan van het ganse komplex samengesteld. De integrale tekst van de verzekeringspolis is opgenomen als bijlage A. De verzekeringspolis maakt melding van een papier- en graanmolen. De combinatie van deze twee molens en de samenhangende problematiek zullen we afzonderlijk bespreken. Voor de duidelijkheid willen we hier wel stellen, dat de graanmolen geheel geïncorporeerd was in de papierfabriek. De reden van deze eigenaardige combinatie vinden we in het reeds jarenlang samengaan van een boerderij en een papierfabriek te Herisem. De beschrijving van de verzekeringspolis is volledig wat de funktie van de gebouwen betreft, maar verder vernemen we maar erg weinig over de inboedel van de verschillende gebouwen.
Het meermaals opvoeren van de produktiekapaciteit heeft niet enkel problemen gesteld voor de drijfkracht. De grote hoeveelheid papier die werd voortgebracht moest gedroogd worden en dit kon niet meer op de traditionele wijze. In 1840 werd overgegaan tot de bouw van een droogruimte, die opgewarmd werd met (cokes) vuren. Een grotere hoeveelheid papier kon zo gedroogd worden op een zeer beperkte ruimte. Het traditioneel drogen van papier, door de wind in overdekte ruimtes, bleef echter ook in gebruik, daar artificieel drogen de kwaliteit van het papier verminderde.

1. Het woonhuis
2. De schuur
3. De paardestal
4. Het magazijn en het wagenhuis
5. De drogerij
6. De papier- en de graanmolen

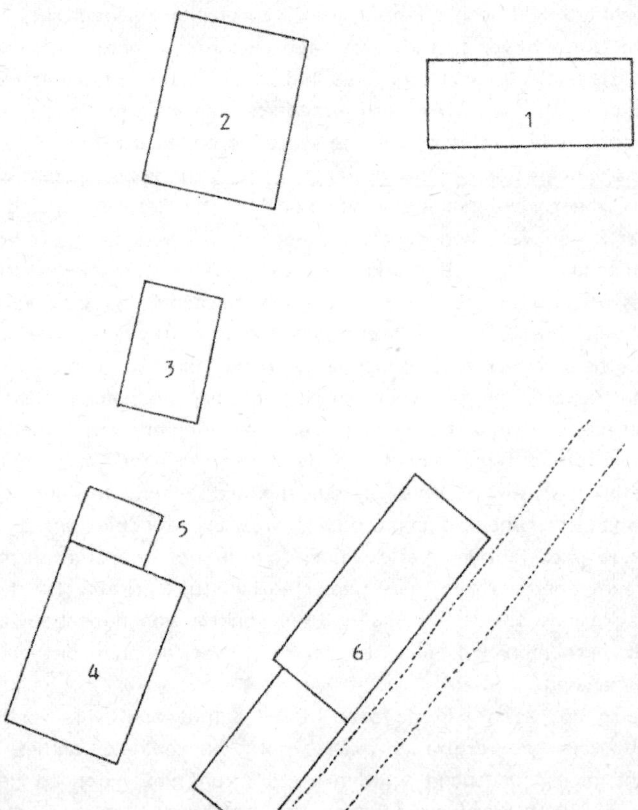

Plattegrond van het Herisem complex in 1854
(op basis van een verzekeringspolis)

De drijfkracht bleef problemen geven, getuige een nieuwe aanvraag van de bedrijfsleiders bij de provincie om veranderingen uit te voeren aan het waterrad. In 1842 werd toestemming gevraagd voor het bouwen van twee waterraderen ter vervanging van het oude. Het waarom van deze vraag hebben we tot heden niet kunnen achterhalen. Er is geen indikatie dat op dat ogenblik nieuwe machines werden bijgeplaatst. Wel is duidelijk dat sinds 1842 er een vermindering is in de afvalpercentages van grondstoffen. Mogelijk plaatste men de mechanische snijmachine, waardoor men de basisgrondstof beter kon bewerken dan voorheen. Een andere mogelijkheid is de start van een combinatie van graan- en papiermolen; maar daarover later meer. In de verzekeringspolis vinden we daarover niet de minste aanduiding.
Van de overige gebouwen, die in de verzekeringspolis aangegeven zijn is er één dat onze aandacht trekt. Het gebouw dat de naam draagt van 'magazijn en wagenhuis' was een onderdeel van de fabriek. Dit gebouw werd denkelijk opgericht ná 1839, toen de produktie erg hoog was en een afzonderlijke bergruimte onmisbaar werd. De tweede funktie van het gebouw als wagenhuis wijst er op, dat toen reeds te Herisem een eigen distributiesysteem bestond. In dit verband moeten we ook de omvang van de paardestal zien. Onderzoeken hebben uitgewezen, dat een deel van dit gebouw erg oud moet zijn en zou kunnen teruggaan tot de 18e eeuw. Mogelijk stond het bedrijfsgebouw reeds vermeld op de Ferrariskaart. Het bouwjaar van het 'magazijn en wagenhuis' kunnen we slechts bij benadering bepalen. Het gebouw werd opgetrokken na 1840 want het is aangebouwd tegen de drogerij waarvan hoger sprake is, die toen werd opgericht. Het is vrij aannemelijk dat het gebouw werd opgetrokken omstreeks 1842-45, want later ging het niet meer zo schitterend in de Belgische economie.
Hiermee hebben we een overzicht gegeven van de diverse investeringen, die gezamenlijk de eerste fase vormen van de industriële revolutie te Herisem. De economische krisis zou een ware breuk veroorzaken en trof ook de Herisem molen. Zowel de produktie als de tewerkstelling hebben sterk geleden onder deze krisis. De vraag naar papier zou sterk teruggaan gedurende de jaren 1847-48. Algemeen kunnen we stellen, dat tijdens de eerste fase van de industriële revolutie de investeringen het karakter hadden van uitbreidingsinspanningen; niet gericht op een mechanisatie. Hierdoor raakte het bedrijf verouderd, daar andere papierfabrieken - zelfs in onze eigen streek - reeds hun produktieapparaat mechaniseerden.
Tot besluit willen we de belangrijkste gegevens aanhalen, die over de technische installatie van de molen opgenomen werden in de verzekeringspolis. Om afwijkingen bij het vertalen te vermijden hebben we de oorspronkelijke tekst integraal overgenomen:

Quatre mille francs, sur la valeur de trois presses, deux paires de meules, deux cuvelles, un blutoir, trois caisses en pierre bleue se trouvant dans ce dernier batiment.

Opmerkelijk is de hoge waarde waarvoor deze enkele machines verzekerd werden in vergelijking met de andere verzekerde materialen. We zijn de mening toegedaan, dat de opsomming van de machines onvolledig is, of de beschrijving zo gebrekkig is, dat wij een aantal zaken niet kunnen vereenzelvigen met door ons gekende machines.

Het introduceren van karton en stoom

Na zowat driehonderd jaar papierproduktie werd te Herisem een beslissing genomen die van kapitaal belang was voor de verdere uitbouw van het bedrijf. In 1858 besloot de bedrijfsleiding om naast papier ook karton te gaan produceren. De voornaamste oorzaken waren het verslechterde vraagpatroon voor handgeschept papier en de grote investeringen die nodig waren om de opgelopen achterstand in het mechanisatieproces van de papierfabrikage in te halen. Verder was karton een nieuw produkt, dat onnoemelijk goede vooruitzichten bood en geen ingrijpende wijzigingen noodzaakte aan het bestaande produktiesysteem.

De overschakeling naar karton gebeurde geleidelijk, gespreid over de periode van 1858 tot 1864. De papierproduktie werd teruggebracht, in de eerste jaren tot zes maanden, in het laatste jaar tot slechts 82 dagen. Hoewel de beslissing bij de aanvang geen aanpassingen vergde in het produktieapparaat, zou de getroffen beslissing toch de aanleiding zijn tot een tweede golf van investeringen.

Alvorens een overzicht te geven van de verschillende investeringen willen we de aandacht vestigen op de aankoop door de bedrijfsleiding van een tweede molen. In het najaar van 1860 verwierf de familie Winderickx de molen gelegen langs de Losseweg te Alsemberg. Het betreft hier de banmolen [4], die jarenlang eigendom was van het klooster te Zevenbronnen. De diepere oorzaak van deze investeringen hebben we niet weten te achterhalen. Misschien betreft het een verzekeren van de toekomstmogelijkheden van de verschillende zonen van de toenmalige bedrijfseigenaar. Verder was het te Herisem niet zonder meer mogelijk uitbreidingen te ondernemen, omdat de natuurlijke aandrijvingsmogelijkheden uitgeput waren.

Het bleek onmogelijk de studie van beide bedrijven afzonderlijk te maken. Tijdens de 19e eeuw werd de boekhouding gezamenlijk gevoerd. We vonden echter geen gegevens over uitbreidingen en transformaties aan de nieuwe molen en hebben ons in dit hoofdstuk beperkt tot de Herisem molen. Wanneer we het later zullen hebben over produktie en verkopen slaan deze

op de beide bedrijven. Dit kan verwarring veroorzaken, indien men vergelijkingen zou willen maken over de produktie en de gebruikte machines met andere bedrijven uit ons land.
Een eerste gevolg van de beslissing, getroffen in 1858, treffen we reeds aan in 1862. In dit jaar vroeg men aan de provinciale overheid toestemming voor het bouwen van een brug over de Molenbeek. Deze werd verleend op voorwaarde van het naleven van een gedetailleerd bestek. De bouw van de brug is een rechtstreeks gevolg van de steeds toenemende kartonproduktie. Het gewicht aan karton, dat men diende te vervoeren, lag veel hoger dan dit van papier. Waar men vroeger door een ondiepe plaats in de beek trok, was dit nu niet meer mogelijk. In het najaar van 1862 kwam de brug klaar, zoals vermeld staat op de sluitsteen die in de brugboog is aangebracht. De bouwvergunning voor de brug is als bijlage B opgenomen.
De ongelofelijk snelle aangroei van de kartonproduktie maakte nieuwe uitbreidingen onvermijdelijk. Een eerste investering gebeurde met de bouw van een nieuwe en ruimere droogplaats. De oude droogplaats had een te kleine capaciteit. Vermoedelijk in 1864 werd de bouw aangevat. Het is het eerste gebouw van het bedrijfscomplex dat zich bevindt op de linkeroever van de beek. Na de bouw van een brug over de Molenbeek was het immers mogelijk ook deze oever te gebruiken. Het bouwjaar van de droogruimte valt samen met het stopzetten van de papierproduktie en dit hoeft ons ook helemaal niet te verwonderen. Daar in de drogerij gewerkt werd met vuurhaarden werd zij gebouwd op veilige afstand van de andere complexen om het brandgevaar te minimaliseren. Denkelijk werkte zij vanaf de aanvang met door water of stoom verhitte platen. Ongetwijfeld stond de vuurhaard in de drogerij zelf, want een stoommachine of stoomketels had men nog niet te Herisem.
De drijfkracht bleef steeds een voornaam probleem. Het gebruik van natuurlijke krachtbronnen kostte niets, maar de beperking was erg groot. De mechanisatie van de Herisem molen was hierdoor reeds geruime tijd afgeremd. Waar men vroeger door bepaalde ingrepen nog kon afzien van een mechanisatie, was hiervan nu geen sprake meer. Wilde men het bedrijf in leven houden, moest men mechaniseren. De eerste stoommachine werd te Herisem geplaatst in 1873, nadat in 1867 voor het eerst stoom werd gebruikt in de molen van Tenbroek. Buiten een vermelding over de plaatsing hebben we geen specifieke gegevens over de machine zelf. Duidelijk is wel, dat de stoommachine een aanvullende bron van aandrijving was en de waterraderen niet verving. De waterraderen bleven in gebruik tot het ogenblik dat het bedrijf zijn deuren sloot. De introduktie van de stoommachine opende nieuwe perspektieven voor het bedrijf. Het bedrijf kon

nu opnieuw ter plaatse aan expansie doen en zijn oude produktiesysteem up-to-date maken. De linkeroever kon daarbij gebruikt worden om nieuwe gebouwen op te richten.
Na het plaatsen van de stoommachine zien we dat de eerste investeringen, die men uitvoerde, gericht waren op een mechanisatie van het bedrijf. Zo werd het kartonscheppen vervangen door een 'mekaniek'. Pas nu werd te Herisem de stap gezet van een ambachtelijk bedrijf naar een industriële vestiging.

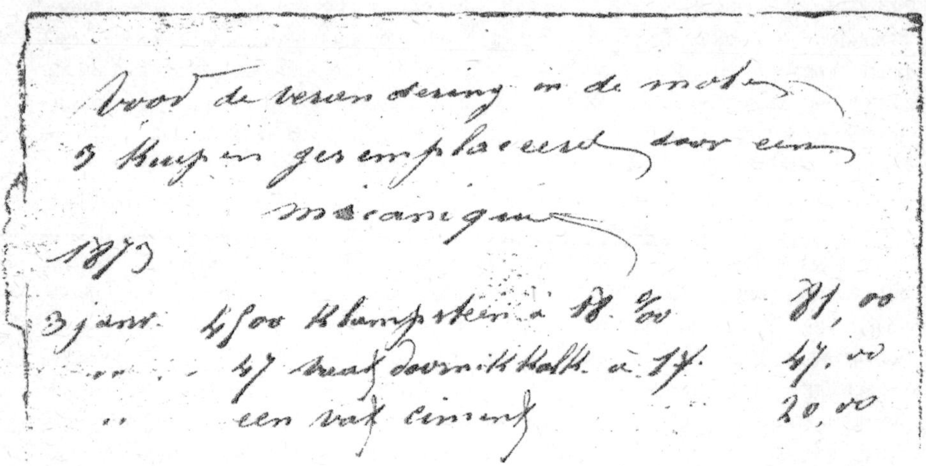
Voor de verandering in de molen
3 Kuipen geremplaceerd door een
mecanique
1873
3 janv. 4500 Klampsteen à 18 % 81,00
" 47 [illegible] doornikkalk à 1 f. 47,00
" een vat ciment 20,00

Dokument dat we beschouwen als het bewijs van de plaatsing van de eerste kartonkontinumachine in de Herisem molen.

Nieuwe investeringen bleven niet lang uit. Nog een deel van het produktieproces was niet gemechaniseerd, namelijk de afwerking van het karton. In 1877 werd een gebouw opgetrokken (op de linkeroever van de beek) waarin de nodige machines aangebracht werden om de eindbewerkingen uit te voeren. In dit gebouw werden snijmachines en kartoncylindermachines geplaatst.
Een laatste investering uit de tweede industrialisatie-fase vond plaats in 1882. Hoewel men nu een gans modern bedrijf had waren er opnieuw problemen met de drijfkracht en daarom werd een nieuwe, zwaardere stoommachine geplaatst. Terzelfdertijd werd ook een grotere droogruimte opgericht want wederom was de capaciteit te klein geworden. De vroegere drogerij werd na nog geen twintig jaar geheel verlaten. Een zicht op de nieuwbouw en de bedrijfsgebouwen bleef bewaard op een foto, die genomen werd tijdens het uitvoeren van de uitbreidingswerken.

De scheidslijn tussen de tweede en derde fase in de industriële revolutie te Herisem is niet zo duidelijk. Toch is het onstabiel economisch klimaat eens te meer de oorzaak van een afzwakken der investeringen naar het einde van de 19e eeuw toe. De verkopen hadden echter veel minder te lijden onder crises in deze tijd, dan dit het geval was in 1846-48.

De groei naar de top

De derde en vierde fase in de industrialisatie van het bedrijf kan men ook als een geheel beschouwen. Wij hebben echter geopteerd voor een afzonderlijke behandeling vanwege het grote onderscheid, dat er tussen beide zaken toch bestaat. De hier bestudeerde fenomenen zijn nog gekenmerkt door een gunstige evolutie achteraf; dit in tegenstelling tot de volgende fase, die reeds sporen in zich draagt van de teloorgang van het bedrijf.

Het is wel belangrijk om na te gaan, welke de oorzaken waren van de nieuwe golf van investeringen, die in de derde fase plaatsvonden. In 1893 is er plots weer een forse daling vast te stellen in de verkopen. Deze is echter niet het gevolg van een economische recessie. Uit wat we konden vaststellen is de teruggang te wijten aan het uit elkaar gaan van de twee bedrijven, waaruit sinds 1860 de Herisem molen bestond. De familiebanden verzwakten en gaven aanleiding tot het zelfstandig beheren van de twee bedrijven door de respektievelijke erfgenamen. Deze periode werd gekenmerkt door een uitbreiding van de produktiecapaciteit en niet door een verdere mechanisatie: er wordt een tweede produktieketen in gebruik genomen. De investeringen waren een onmiddellijke reaktie op de breuk, die ontstaan was tussen de twee bedrijven.

De installaties, die tijdens een periode van twee jaar werden bijgeplaatst waren niet de allermodernste, maar eerder kopieën van de machines, die reeds in gebruik waren. Het was eerder een funktionele uitbreiding dan een investering met een revolutionair karakter. Zo werd het mogelijk, dat veel van de aanpassingen gedaan konden worden zonder vakmensen van buiten de fabriek te moeten aantrekken.

Vanaf 1894 tot 1896 werden achtereenvolgens de volgende investeringen gedaan. In 1894 kocht men een zwaardere stoommachine bij de firma Bollinckx uit Brussel, die toen haar werkhuizen had te Huizingen. Voor de machine betaalde men 7000 fr, een bedrag dat afgelost werd in maandelijkse schijven over een periode van drie jaar. De nuttige drijfkracht van het bedrijf werd hierdoor opgedreven tot circa 90 pk. Om het geheel te kunnen herbergen was het noodzakelijk uitbreidingsinvesteringen te doen in de vorm van bedrijfsgebouwen. Uit deze tijd dateert het overbruggen van de Molenbeek. Hetgeen werd bijgeplaatst aan machines kunnen we als volgt samenvatten: een pletkuip, een cylindermolen, een mekaniek en een snijmachine. Ook werd er een lompenketel geplaatst, iets wat voorheen in het bedrijf onbekend was. Om de toegenomen produktie aan te kunnen diende men ook een drogerij bij te bouwen. Waar vroeger de oude drogerij steeds verlaten werd, bleef deze nu bestaan en voegde men een nieuwe toe.

In nog geen drie jaar, waren alle verbouwingswerken klaar. Dit is in vergelijking met de vorige periode een waar rekord. Het geheel van deze investering is echter weinig lovenswaardig als we de zaak van nabij gaan beschouwen. Er werd in het geheel niet naar gestreefd de werkomstandigheden te verbeteren en van produktiviteitsverhoging kan er helemaal geen sprake zijn. Waar de bewerkingen in de eerste produktieketen elkaar logisch opvolgen is hiervan nu helemaal geen sprake meer. Het produktieproces is opgesplitst in zijn elementaire delen en steeds moet er een lang transport gebeuren tussen de verschillende produktiestadia. Later zou dit ook een rol spelen bij de aftakeling van het bedrijf.

De laatste ontwikkelingen voor de terugval

De voortdurende ontwikkelingsdrang, die reeds geruime tijd het bedrijfsbeleid van de Herisem molen kenmerkte zou opnieuw zorgen voor een investeringsgolf. Door het verlies van de fabriek in Alsemberg was ook een deel van het **produkten**gamma van de Herisem molen verloren. De produktie van strokarton, waarin de molen van Alsemberg gespecialiseerd was, kon men te Herisem niet hernemen [9]. Na de herstrukturering van de Herisem molen werd dan ook opnieuw een bedrijf opgekocht - te Virginal - om dit in te richten voor de produktie van strokarton. De aankoop van deze fabriek (gelegen waar heden 'Les Papeteries de Virginal' zijn) gebeurde omstreeks 1901. In 1901 werd ondermeer de verzekeringspolis van de fabriek van de vroegere eigenaar overgenomen, zoals bleek uit een brief van 6 februari 1906.

Naast het oprichten van deze nieuwe eenheid, die de meeste financiële inspanningen vroeg, gebeurden er ook nog enkele mechanisaties te Herisem zelf. Het ging voornamelijk om de mechanisering van voorbereidende en afwerkingswerkzaamheden. Het eigenlijke produktieproces werd niet aangeraakt. In 1899 werd een moderne automatische snijmachine aangeschaft van Duitse oorsprong. Het werd hiermee mogelijk om op aanvraag van de klanten een grotere diversiteit aan formaten van karton te leveren, hoewel men er op aandrong zich te houden aan een aantal standaard formaten, zodat men niet te veel afval kreeg uit de bijkomende bewerking.

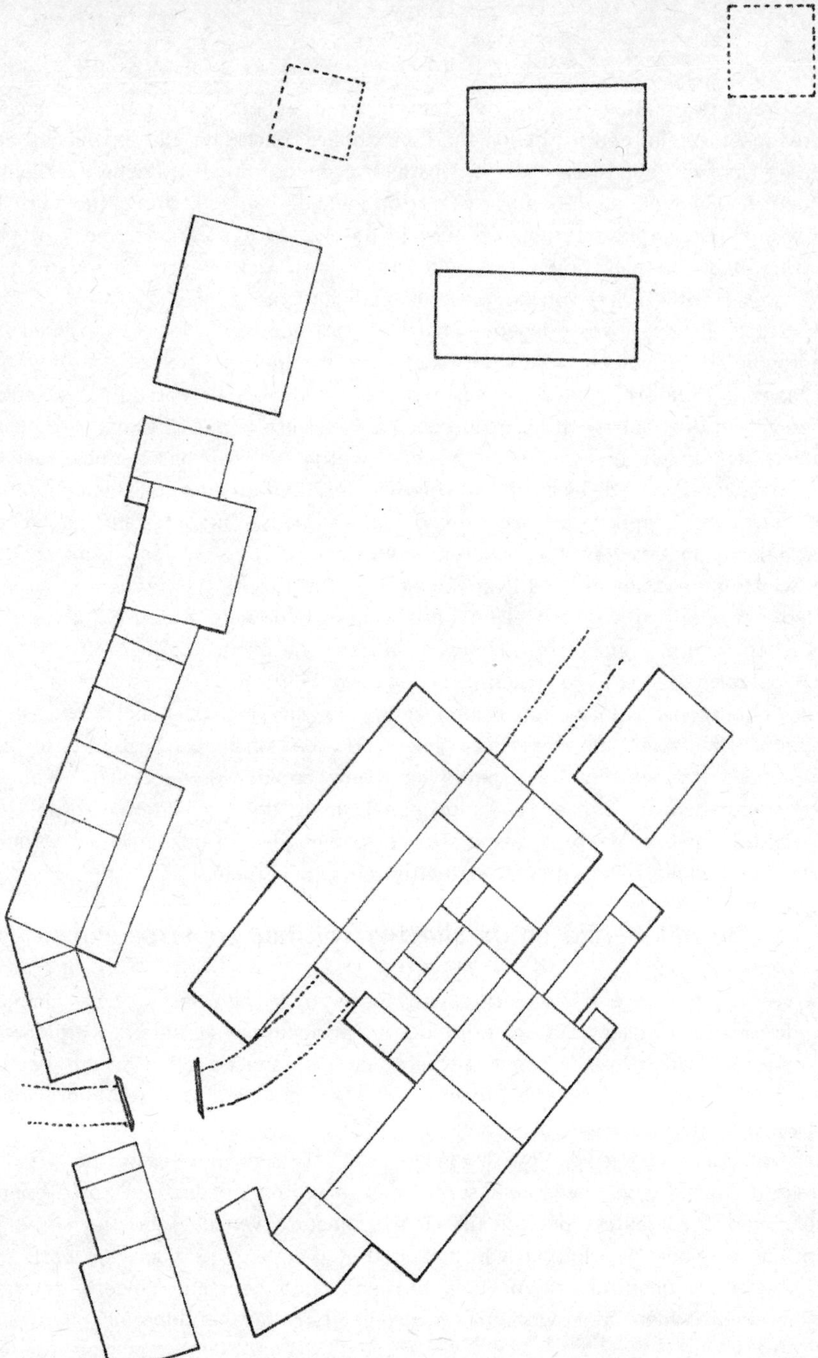

Plattegrond van het Herisem complex omstreeks 1900

Ook voor het satineren van het karton werd er een zwaardere en modernere machine in bedrijf genomen. Een andere beslissing die opviel in deze laatste ontwikkelingsfase is de installatie van de elektrische verlichting in 1899. Hoewel dit geen verbetering inhield van de produktie was het toch een nuttige investering. Op termijn betekende het een enorme kostenbesparing daar de elektriciteit volledig gratis was. Ook was het een voorname stap in de verbetering van de werkomstandigheden.
De verschillende investeringen van rond de eeuwwisseling (waaronder we voornamelijk de aankoop van de fabriek te Virginal moeten rekenen) werden gedaan in minder gunstige omstandigheden dan voorheen. Het algemeen economisch klimaat was al gedurende enige tijd in een 'permanente krisis'. Sociale troebelen en de eerste sociale wetgeving ter bescherming van de arbeiders maakten de instabiliteit nog groter. De groeimogelijkheden werden steeds meer beperkt, er was op de binnenlandse markt van karton een verzadiging ingetreden. De onderlinge konkurrentie en de prijsdaling hadden de winstmarges van de bedrijven aangetast. De export naar vreemde werelddelen vormde nog een mogelijke basis voor toekomstige groei. Dit betekende ook een groter financieel risico en langere betalingstermijnen. Toch werd deze afzetmarkt door de bedrijfsleiding van Herisem aangeboord. De financiële onderbouw van het bedrijf diende om dit aan te kunnen erg stevig te zijn. Om meer zekerheid te hebben en de financiële lasten beter aan te kunnen schakelden vele bedrijven over op de vennootschapsvorm. Te Herisem gebeurde dit echter niet, daar men het familiaal karakter van het bedrijf niet wilde prijs geven. Het niet meegaan in deze nieuwe stroming zou later nadelig blijken voor het bedrijf en zijn toekomst.

De aftakeling en de sluiting van het papierbedrijf

Het was moeilijk een verklaring te vinden over de laatste bedrijvigheden op de Herisem molen. Dokumenten uit de periode na de eerste wereldoorlog zijn erg schaars. Ook de kommentaren van de familie zelf zijn erg beperkt en nooit werd er echt een reden voor het stoppen van de bedrijvigheid opgegeven. Het gaat om een familiale onderneming; we willen bij het schrijven van deze tekst de overlevenden niet treffen met verwerpelijke uitspraken. Toch konden we onze studie niet afsluiten zonder een korte behandeling van deze laatste periode uit de geschiedenis van de fabriek.
Een datum voor de sluiting van het bedrijf konden we noch op basis van de gezegden, noch uit de dokumenten eenduidig bepalen. Volgens zegspersonen stopte men met werken tijdens de tweede wereldoorlog, omstreeks 1942-43.

Wanneer we op zoek gaan naar de reden van de sluiting, moeten we ons een beeld vormen van het bedrijf vanaf de eerste wereldoorlog; op zichzelf en tevens in de ruimere kontekst van de algemene economische en financiële toestand van de Belgische economie. De vier jaar bezetting hadden België waarlijk geruïneerd. Een groot deel van de industrie was niet meer operationeel door het gebrek aan machines en grondstoffen. De oorlogsschade had de aktiviteiten in praktisch alle sektoren sterk teruggeschroefd. Naast dit alles waren wij een groot deel van onze positie op de internationale markten verloren, daar wij niet konden konkurreren met de beperkte middelen, die ons ter beschikking stonden. Na het ondertekenen van de wapenstilstand werd alles in het werk gesteld om de schade te herstellen en onze positie van vroeger te hernemen op de wereldmarkt. Maar het liep vrij vlug mis, daar men te veel hoopte op de Duitse herstelbetalingen. De Belgische economie kwam terecht in een financieel verwarde en gespannen toestand. Pas na de devaluatie van onze munt en de vernieuwde politieke aanpak van de problemen in 1926 werd het sein tot een nieuwe heropleving gegeven. De ommekeer in de economische trend was echter van beperkte duur want in 1930 zou België meegesleurd worden in een wereldkrisis, die slechts zou opgelost geraken in 1945, na de tweede wereldoorlog. Naast de economische recessie zou ons land tijdens de dertiger jaren te kampen hebben met een financiële krisis, waarbij het nodig was om de bankwereld in België geheel te herstruktureren. De nationale papiernijverheid was zwaar getroffen, zoals blijkt uit meerdere geschriften in 'Le moniteur de la papeterie Belge'.

In dit allesbehalve gunstige klimaat kwam de Herisem molen terecht met zijn eigen specifieke problemen. Onder druk van de bezetting tijdens de eerste wereldoorlog had men de produktie-eenheid te Virginal moeten stilleggen en bleef enkel de fabriek te Herisem operationeel. De nieuwe eenheid, die pas een decennium vroeger operationeel was geworden en die aanleiding was tot zware investeringen, kon niet uitgebouwd worden tot een rendabel geheel. Financieel betekende dit een zware belasting van het bedrijf. Het kapitaal dat vastgelegd was in dit bedrijf kon niet gerecupereerd worden om voor nieuwe investeringen te worden aangewend. Met beperkte middelen diende men dus gedurende een hele tijd van financiële en economische spanningen het hoofd boven water te houden. De inbreng van nieuw kapitaal was een mogelijkheid, die niet werd uitgebaat, daar het bedrijf nooit de vennootschapsvorm heeft aangenomen. Men bleef voor de financiering aangewezen op het eigen kapitaal.

De 'struggle for life' die het bedrijf sinds de eerste wereldoorlog moest voeren, kunnen we als voornaamste oorzaak van de sluiting beschouwen.

Hoewel andere redenen mede hun belang gehad hebben op de beslissing (het verouderde produktieapparaat, de ondernemingsmoeheid en het gebrek aan opvolging) waren deze faktoren allemaal ondergeschikt of een gevolg van de financiële onderbouw, die niet meer toereikend was. Tijdens de tweede wereldoorlog is het bedrijf dan teruggevallen op het uitbaten van de hoeve.

Het oudste molengedeelte, opgetrokken uit klampsteen en ijzerzandsteen. De funderingen van dit gebouw dateren waarschijnlijk uit 1551; ze bevinden zich voornamelijk onder het waterpeil van de beek.

De oudste artificiële drogerij, gebouwd 1840. Het gebouw deed later dienst als zeepziederij en kolenhok. Nu is het ingericht als stal. In het dakgebinte staan de initialen van de bouwer en het bouwjaar gegrift.

De twee oudste molengebouwen van de Herisem molen. Boven de molen zoals deze in de 18e eeuw werd opgericht. Onder het molengebouw dat in 1834 werd opgetrokken, de kern van het gehele industriële complex tot op heden.

De schrijnwerkerij, met op de eerste verdieping een droogzaal voor papier.

De smidse van de Herisem molen in de huidige toestand. Oorspronkelijk was de schouw enige meters hoger. Achter de smidse staat een stoomdroogplaats, die in 1882 werd verlaten.

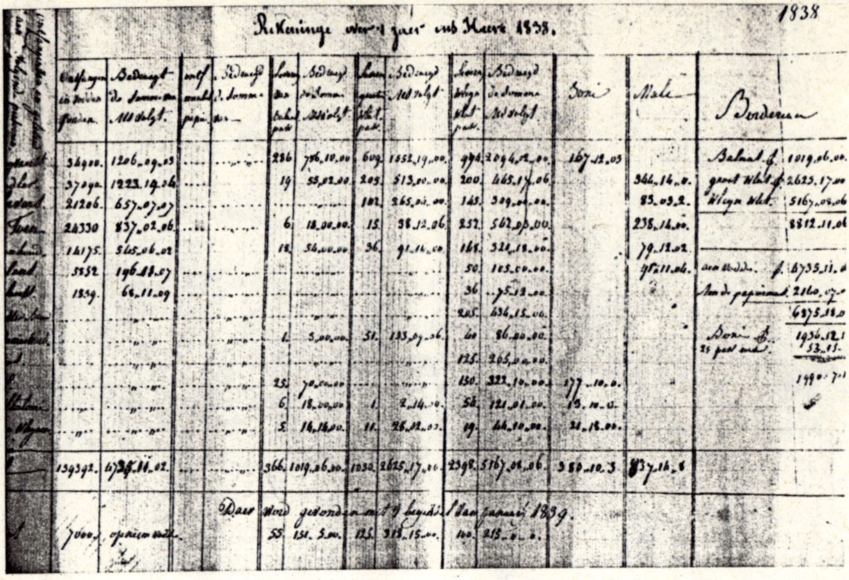

Inventaris van de papierproduktie en -verkoop voor het jaar 1838. Opmerkelijk is dat de inventaris werd geschreven op papier dat gekocht werd. Geen enkel document bleek op eigen papier geschreven te zijn, hetgeen het vermoeden bevestigt dat te Herisem geen schrijfpapier werd gemaakt.

Uittreksel uit een loonboek uit het jaar 1853, betreffende de toewijzing van het loon aan de arbeiders van een bepaalde kuip.

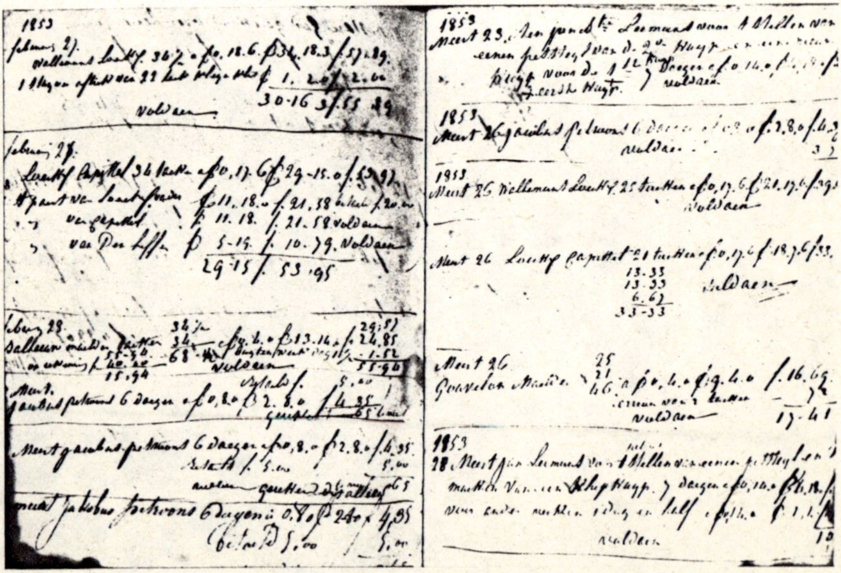

4 - HET PRODUKTIEBEDRIJF TE ALSEMBERG

Waarom een tweede bedrijf?

In het vorige hoofdstuk maakten we melding van het feit dat sinds 1860 de Herisem molen bestond uit twee produktiebedrijven. Door een gebrek aan dokumenten en het verstrengeld zijn van de boekhoudkundige gegevens is het moeilijk dit bedrijf zijn geschiedenis afzonderlijk te schetsen.
In het najaar van 1860 werd door Winderickx besloten en overgegaan tot de aankoop van een graanmolen te Alsemberg, gekend onder de naam van banmolen in de geschiedkundige bronnen. Meerdere elementen kunnen aan de basis liggen van deze beslissing en het was niet mogelijk de juiste toedracht te achterhalen. Mogelijk heeft de overgang van de papier- naar kartonproduktie hiermee te maken en werd er gedacht aan een gemengde produktie, waarbij ieder filiaal zich toelegde op de vervaardiging van een welbepaald produkt. Ook kan het zijn, dat men voor elk van de opvolgers van de toenmalige eigenaar een bedrijf wilde, maar dit lijkt vrij onwaarschijnlijk. Een andere oorzaak kan zijn dat men te Herisem geen uitbreidingsmogelijkheden meer zag door het gebrek aan bijkomende drijfkrachtcapaciteit. Eén van deze faktoren (mogelijk het samengaan van meerdere) zal aan de basis liggen van dit initiatief.

De installatie

Na de aankoop van de graanmolen, die bestond uit een installatie van zes paar molenstenen en twee waterraderen, diende deze grondig omgebouwd te worden om aan de nieuwe eisen te voldoen. Naar alle waarschijnlijkheid (op basis van de beschikbare bronnen) werd het bedrijf pas opgestart in het najaar van 1866 en bestond het uit twee produktieketens, vermoedelijk met schepkuipen. Een reden voor deze trage evolutie kennen we niet. Mogelijk diende men trapsgewijze te investeren, daar alles gebeurde op basis van autofinanciering. Ook de noodzaak tot bouw van nieuwe bedrijfsruimtes kan een rol gespeeld hebben. De opstarting van het bedrijf gebeurde zonder veel noemenswaardige vermeldingen en reeds vlug werden de cijfers van verkoop en produktie geconsolideerd voor de beide entiteiten. Na het wat langzame begin evolueerden de zaken vrij snel en reeds in 1867 werden de eerste modifikaties aangebracht. We maakten reeds eerder melding van het feit, dat in 1867 de eerste stoommachine werd geplaatst, in de Tenbroek molen. Er werd door de bedrijfsleiding beslist om van de eenheid in Tenbroek een bedrijf te maken, gespecialiseerd in de vervaardiging van strokarton. Om deze grondstof gemakkelijk te kunnen verwerken was stoom noodzakelijk. De steeds maar toenemende afzet zou ook hier met zich brengen dat meermaals diende geïnvesteerd te worden in bedrijfsgebouwen en nieuwe of verbeterde drijfkracht. In 1882 (gelijktijdig met de Herisem molen) werd ook te Tenbroek een nieuwe stoommachine geplaatst. In 1869 en 1886 werd er aan de waterraderen gewerkt of werden deze vervangen door een turbine, dit alles in het vooruitzicht een grotere produktie aan te kunnen.

De afsplitsing

Het bedrijfsconsortium onder leiding van drie zonen bleef stand houden tot in 1894. Toen werd het geheel verdeeld onder de twee overlevende zonen, die ieder hun eigen weg gingen. Dit wil niet zeggen, dat er geen samenwerking meer bestond tussen beiden. In een geest van volledige samenwerking werd er gewerkt, echter met een gescheiden boekhouding. Door deze opsplitsing ging 35-40% van de produktie voor de Herisem molen verloren. Enige tijd later zou de samenwerking sterk verzwakken, omdat de familiale band tussen de eigenaars van ieder bedrijf minder sterk werd. Gedurende 28 jaar heeft dus een consortium zonder enige rechtskundige band kunnen overleven.

5 - HET FILIAALBEDRIJF TE VIRGINAL

Na de afsplitsing van het bedrijf te Alsemberg

Het zelfstandig worden van de vestiging te Alsemberg zou de rechtstreekse aanleiding zijn tot de aankoop van een nieuw filiaal. Na de opvang van een deel verloren produktie te Herisem in de periode 1894-96 kocht men een molen gelegen te Virginal, in de omgeving van de huidige 'Papeteries de Virginal'. Over de aankoop van de fabriek hebben we niet het minste dokument gevonden. Bepalen wanneer de aankoop geschiedde kunnen we echter wel, op basis van een brief uit 1906. In 1901 werd door de bedrijfsleiding van Herisem het verzekeringskontrakt overgenomen van de fabriek van de vroegere eigenaar. Dit duidt erop, dat omstreeks die tijd ook de eigendomsoverdracht geschiedde van de molen te Virginal. Uit dezelfde brief bleek dat de molen op het ogenblik van de overname inaktief was.

De opzet te Virginal

Na de verwerving van de nieuwe fabriek werd er onmiddellijk gestart met de proefproduktie van strokarton, een produkt dat uit het assortiment verdwenen was. Naar alle waarschijnlijkheid gebeurde dit met machines, die van de vroegere exploitant werden overgenomen. In 1902 werd er met het oog op een konstante produktie om en bij de 170 ton stro aangekocht. De testen vielen echter tegen, daar de machines niet geschikt waren voor het beoogde doel. Tot in 1904 zouden er verschillende investeringen moeten gebeuren om de fabriek werkelijk operationeel te maken. Gedurende gans deze periode experimenteerde men, maar een werkelijke produktie kwam er pas in de loop van 1904. Financieel was dit een zware klap daar men gedurende vier jaar niets van rendabiliteit had uit de nieuwe produktie-eenheid. Om de schade te beperken, trachtte men reeds vanaf 1903 het nieuwe produkt bij klanten aan te prijzen via allerlei offertes. Ook was men niet bevreesd om het produkt te lanceren op de wereldmarkt gezamenlijk met de overige kartonsoorten uit het produktengamma.

Toen het bedrijf zijn nieuwe struktuur had bestond het produktieapparaat uit de volgende machines. Voor de aandrijving had men twee stoommachines van respektievelijk 40 en 50 pk. Als bijkomende aandrijving had men (zoals te Herisem) ook een waterturbine en een waterrad. Reeds tijdens de eerste jaren werd elektrische verlichting in het bedrijf aangebracht. Het machinepark bestond verder uit: vier kalanders, twee wrijfkuipen, drie waskuipen voor de grondstoffen, een snijmachine voor het stro en een kartonkontinu.

Deze kartonkontinu, een erg moderne machine, bestond uit verscheidene delen: een mengkuip, een mekaniek, een droogrollen-systeem (door stoom verhit) en een snijbank. Vanaf 1905 werd er met deze installatie jaarlijks om en bij de 200 ton stro verwerkt. Stro was de basisgrondstof, naast snippers van strokarton en (in beperkte mate) papier en vodden. Waar tijdens de eerste jaren het transport steeds geleverd werd vanuit het moederbedrijf te Herisem, had men omstreeks 1910 ook een eigen kamion en paarden ter beschikking.
Het liep snel verkeerd met het bedrijf, om redenen die niet afhankelijk waren van het beheer. Daar de produktie bijna uitsluitend bestond uit strokarton diende men in de loop van de eerste wereldoorlog de bedrijvigheid stop te zetten. De overschakeling naar de produktie van andere kartonsoorten was niet mogelijk, daar wegens de bezetting de afzetmarkt totaal ontredderd was. De aktiviteit van de Herisem molen werd dus gedurende heel de periode te Alsemberg gehouden. Ook na het beëindigen van de oorlog in 1919 bleef het onmogelijk om stro te kopen tegen aanvaardbare prijs. De inaktiviteit van het bedrijf zou daardoor ook langer aanslepen dan men oorspronkelijk verwacht had. Volgens een verzekeringspolis van 1925 liet men de premie aanpassen wegens de inaktiviteit.

De sluiting

Het bedrijf is nooit meer operationeel geworden. Een twist tussen de bedrijfsleiders was de oorzaak dat men voor de fabriek nooit meer de nodige financiering vond om de produktie te hernemen. Een brief van 1928 maakt ons duidelijk, dat er tussen de verschillende broers die het bedrijf beheerden onenigheid bestond over de betaling van belastingen en oorlogsschade voor het bedrijf te Virginal. Deze familiale twisten zouden rechtstreeks de ondergang betekenen van het filiaal en ook hun invloed hebben op de Herisem molen zelf.
Het bedrijf werd enige tijd later verkocht. De koper, een konkurrent op de kartonmarkt, liet het bedrijf slopen. Mogelijk zijn de molenstenen op de 'Place Saint-Remy' te Ittre de enige resten die van de fabriek overblijven.

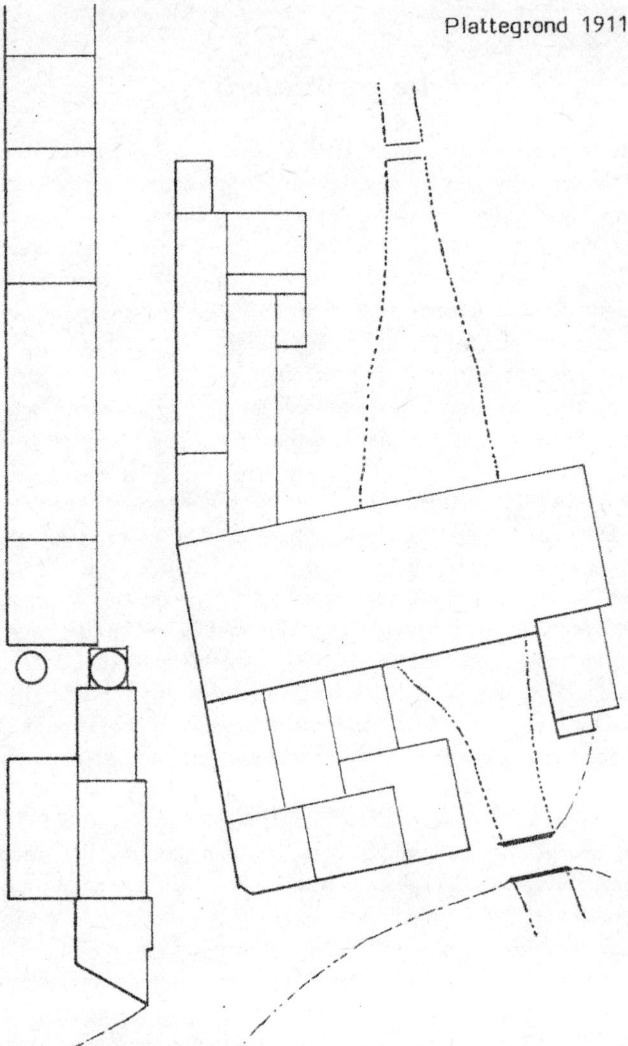

Usine de cartons mécaniques

à VIRGINAL-SAMME

6 - ANDERE AKTIVITEITEN OP DE HERISEM MOLEN

De zeepziederij

In de familie Winderickx had men tijdens de laatste helft van de 19e eeuw een aantal leden, die erg 'industrial minded' waren. Te Alsemberg werd in deze geest een zeepfabriek gebouwd in de nabijheid van de tweede kartonfabriek, in het gehucht Tenbroek. Blijkbaar is deze nijverheid later verhuisd naar de Herisem molen. Naar we konden achterhalen is alles als volgt verlopen. Gustaaf Winderickx had in 1887 de toestemming gekregen om in het gehucht Tenbroek een zeepziederij op te richten. Hij was de neef van de Winderickxen op de kartonfabriek van Herisem en tussen de verschillende ondernemingen bestond er een zeer sterke samenwerking. In 1900 ging Gustaaf echter naar Dworp, waar hij de brouwerij overnam van zijn oudere broer, die net gestorven was. De zeepfabriek (die blijkbaar niet de beste resultaten boekte) werd overgelaten aan een vreemdeling. Mogelijk - de meeste verhalen laten ons toe dit te veronderstellen - kon de eigenaar van het Herisem complex een arbeider uit de zeepfabriek overhalen om bij hem een kleine ambachtelijke produktie op gang te brengen. In een leegstaande droogzaal werd met elementaire machines een zeepfabriekje gebouwd en als een waar ambachtsman kon deze zeepmaker daar (met de steun van Winderickx) zijn droom in vervulling laten gaan. Het bedrijf was niet gericht op industriële produktie, maar op het vervaardigen van fijne geparfumeerde zeep. Het was vrij gemakkelijk om dit produkt op de markt te brengen, daar het geleverd werd aan hetzelfde kliënteel dat kartonprodukten aankocht, hoofdzakelijk in de regio van Brussel. Het vervoer geschiedde gelijktijdig met dit van karton. De zeep werd in platte laadbakken zorgvuldig gestapeld en deze werden onderaan de transportwagen met kettingen opgehangen. Op deze wijze kon men het nogal precieuse goed het veiligst bij de afnemers leveren.

Hoe lang men dit alles vol gehouden heeft en wat de bedoeling was van de hele opzet konden we niet achterhalen. Geen dokumenten werden gevonden. Ook de materiële sporen zijn verdwenen op een aantal flesjes parfum na. Toen de zeepmaker plotseling overleed doofde de produktie uit. Hij had het geheim van zijn produktie niet doorgegeven. Hoe Winderickx zich ook inspande om met het achtergebleven materiaal zeep te produceren, het lukte hem niet. Even toevallig als de zaak ontstond verdween zij ook weer in de vergeethoek.

De boerderij en de graanmolen

De combinatie van een papiermolen met een graanmolen is uitzonderlijk - zo niet enig. Hoewel er in onze streek (en elders) meermaals een samengaan van een boerderij met een papiermolen is waar te nemen, vinden wij nooit hierbij een graanmolen. Om de redenen voor de oprichting van de graanmolen en het samengaan met een papierfabriek te achterhalen, dienen we ons te verplaatsen naar de aanvang van de industriële revolutie. Toen werd er besloten om de loop van de Molenbeek over een geruime afstand te verleggen. In de al eerder genoemde monografie over Dworp haalt C. Theys daarover een belangrijke tekst aan:

> In 1838 vroeg Winderickx papier fabrikant woonende te Alsemberg om de beek genaemt de Molenbeek vanaen zijnen molen van Als. tot aan den molen van Dworp waer hij ook eigenaer is den eersten molen te vernietigen om aen den tweeden den waterval te brengen.

Van de molen die toen werd afgebroken hebben we nergens een spoor kunnen terugvinden. Hij is zelfs bij de oudste mensen niet meer gekend. Toen we navraag deden bij de huidige eigenaar wist deze ons wel te vertellen, dat er volgens zijn grootvader vroeger een kleine 'boalmolen' meer stroomopwaarts stond. De laatste had deze molen zelf ook nooit gezien. Het is echter duidelijk, dat men sinds enige tijd te Herisem beschikte over een graanmolen. Toen men onder industriële druk gedwongen werd deze uit te schakelen werd het geheel gewoon verplaatst naar de bestaande papiermolen.

Over de exploitatie van de graanmolen hebben we maar weinig bronnen. Voor de periode 1848-54 bestaat er een register waarin alle verkopen van graan en bloem opgetekend zijn (zie bijlage C). Opmerkelijk is wel, dat dit samenvalt met de krisisperiode en de grote hongersnood die toen heerste in gans ons land. Het gebrek aan geschriften voor andere perioden doet onderstellen dat de graanmolen enkel diende voor eigen nut met uitzondering van hogergenoemde periode. In een verzekeringspolis van 1898 wordt dit bevestigd. In de al aangehaalde verzekeringspolis van 1854 staat het materiaal van de graanmolen vrij uitgebreid beschreven. In de molen bevonden zich waarschijnlijk vanaf de aanvang twee paar maalstenen. Er werden drie graansoorten gemalen, namelijk: tarwe, koren en zwijnaard. Dit laatste produkt was een menging van minderwaardige granen. Voor het zeven van de gemalen bloem had men ook een builmolen. Deze werd voor de klanten maar sporadisch gebruikt. Uit de weinige gegevens die we hebben zien we dat de prijs van het graan tijdens de periode 1848-54 erg schommelde onder invloed van de krisis. Voor het loonmalen bleef de prijs echter vrij stabiel.

Het laatste graan werd te Herisem gemalen tijdens de tweede wereldoorlog. De molen was toen niet meer aangegeven en zo was het mogelijk te ontsnappen aan de kontrole van de oogstopbrengsten, die door de bezetter opgelegd werd.
Waar de graanmolen van Herisem een kreatie was uit het begin van de 19e eeuw, bestond er reeds veel eerder een combinatie van de papiermolen met een boerderij. Een dergelijke combinatie was in gans Vlaanderen gebruikelijk: kleine ambachtelijke nijverheden op het platteland gingen sinds lang samen met kleine landbouwexploitaties. Het hoeft ons dus niet te verwonderen, dat dit bijna een algemene stelregel was voor de papiernijverheid in het gebied tussen Zenne en Zoniën.
Uit de aanvangsperiode hebben we geen gegevens over de boerderij. Pas bij de eigendomsoverdracht van de molen in 1763 wordt voor het eerst ook een beschrijving gegeven van de landbouwgoederen. Voordien was de molen het bezit van een aantal personen, die hem zelf niet in uitbating hadden. Zij verpachtten de molen en hierdoor krijgen we dan ook geen beschijving van de boerderij, die mogelijk toebehoorde aan de papiermaker. Het kan zijn, dat er vanaf de oprichting van de Herisem molen een combinatie van boerderij en papiermolen bestond. Het boerenbedrijf werd nooit echt uitgebreid tot een grote Brabantse hoeve zoals deze in de streek veel voorkwamen. In 1763, toen Gillis Winderickx de zaak overnam van zijn schoonouders, bedroeg de bedrijfsoppervlakte van de boerderij amper 5 hektaren. Opmerkelijk was wel, dat een groot deel hiervan direkt rond de hoevegebouwen lag. Onder het beheer van de familie Winderickx zou de hoeve uitgroeien tot het huidige bedrijf, dat een oppervlakte heeft van circa 20 hektaren.

Het eigen distributiesysteem

Het transporteren van papier en karton naar de afzetmarkten was een levensnoodzaak voor de produktiebedrijven. Oorzaak hiervoor was de inplanting van de papierbedrijven op noodzakelijkerwijs betrekkelijk grote afstand van de consumptiecentra. Tot in de 19e eeuw gebeurde zowel de aanvoer van de grondstoffen als het transport van het afgewerkte produkt via de weg. De opkomst van de spoorweg en een uitgebreid net van kanalen zou dit beeld in de loop van de 19e eeuw wijzigen. Te Herisem leidde de uitbouw van deze twee vervoernetten tot de oprichting van een eigen distributiesysteem.
Voordat men kon gebruik maken van de spoorweg waren het de klanten zelf, die hun goederen te Herisem kwamen afhalen. Langzamerhand ontstond

er een regelmatig transport tussen Alsemberg en Brussel. De overgang op eigen transportmiddelen gebeurde pas toen men grotere hoeveelheden goederen verstuurde per spoor. Om deze goederen op de trein te krijgen was men genoodzaakt eigen vervoer te hebben, daar het te duur uit viel om steeds een vreemd transporteur aan te werven. Omstreeks 1870 groeide de transportvraag nog verder uit, na het plaatsen van een stoommachine. Nu moest men niet alleen zorgen voor het transport van goederen maar ook voor de aanvoer van steenkool. Een regelmatig transport vond zodoende plaats tussen de fabriek enerzijds en de stations van Buizingen en Sint-Genesius-Rode anderzijds. Langs deze weg werd in de periode 1882-88 gemiddeld 40% van de verkochte produkten vervoerd.
Ook het kanaal Brussel-Charleroi werd gebruikt voor een deel van het transport. Hoofdzakelijk werden langs deze weg goederen verscheept naar Groot-Brittannië, via Antwerpen. Van dit transport weten we maar weinig, daar alles gebeurde via een transporteur-expediteur gevestigd te Antwerpen. Wanneer voor het eerst een eigen transport werd op touw gezet kunnen we niet achterhalen. Aanvankelijk gebruikte men karren die aanwezig waren op de hoeve. De eerste sporen van specifieke transportmiddelen menen we te onderscheiden in de bouw van een magazijn en wagenhuis omstreeks 1842. Verder vinden we maar weinig in de archiefbronnen. Slechts éénmaal registreerde men de aankoop van een huif voor een van de karren. Omstreeks de eeuwwisseling bezat men vijf wagens. Twee hadden een laadvermogen van drie ton, twee andere waren vijftonners. De zwaarste, een kamion die diende voor het kolentransport, had een nuttig laadvermogen van tien ton. Toen de produktie als gevolg van de wereldoorlog erg terug liep werden twee wagens afgeschreven, zoals we konden opmaken uit de wijziging van een verzekeringspolis. Nu zijn nog enkel de twee wagens van drie ton overgebleven. Enkele jaren geleden werd de kamion ontmanteld en gebruikt voor het bouwen van een paardestal.
Het transport was in die tijd niet zonder gevaren. Volgens een zegspersoon zou omstreeks de eeuwwisseling een dodelijk ongeval gebeurd zijn te Herisem. Wanneer men met een vracht kolen van het station kwam, was er steeds een begeleider nodig om de remmen van de kamion te bedienen bij de afdaling naar de fabriek. In dit geval braken plotseling de remmen en de arbeider werd verpletterd tussen de kamion en de muur van de kolenopslagplaats. Ook in de fabriek van de Steenput deed zich ooit een dergelijk ongeluk voor. Verder wist onze zegspersoon nog te vertellen, dat in de beginperiode de wagens getrokken werden door ossen. Reizen van meer dan een dag kwamen regelmatig voor.

Onderhoudswerk

Iedere industriële onderneming is genoodzaakt (periodiek) onderhoudswerkzaamheden uit te voeren aan machines en gebouwen. Daar er nog geen begrip bestond als 'afschrijving' en de onderhoudskosten hoog opliepen, trachtte men hierop te besparen door het bouwen van een eigen schrijnwerkerij en smidse. Deze ontwikkeling geeft een indruk van de instelling van de bedrijfsleiding. Men had nog steeds tijdens de 19e eeuw het doel een economisch gesloten geheel uit te bouwen, dat op zichzelf kon bestaan zoals dat het geval was met de oude landbouwgemeenschappen uit de vorige eeuwen.

De schrijnwerkerij

Tot laat in de 19e eeuw bestond de konstruktie van de watermolens hoofdzakelijk uit hout. Een minimum aan onderdelen waren uit ijzer, vanwege de hoge prijs. IJzer deed pas definitief zijn doorbraak op de Herisem molen bij het installeren van de eerste stoommachine. Bij de beschikbare hoge(re) vermogens kon men hout niet meer aanwenden, daar het veel te broos was.

Het behoeft geen betoog, dat aan het houten alaam meermaals herstellingen dienden verricht te worden. Een timmerman was regelmatig in de fabriek aanwezig. Dit blijkt duidelijk uit de uitbetalingen die hem gedaan werden. In 1853 werkte hij gedurende 45,5 dagen in de molen voor het uitvoeren van herstellingen. Meestal werkte hij aan de schepkuipen, het raderwerk en de waterraderen. Daarenboven vervaardigde en herstelde hij thuis de schepramen. Enkel voor hetgeen hij thuis vervaardigde rekende hij materiaalkosten. Dit wijst erop, dat voor de herstellingen de materialen geleverd werden door de eigenaar van de molen. Dit werd ons bevestigd door de huidige bewoners.

Het maken van kamraderen en houten buizen gebeurde te Herisem zelf. Vanaf 1842 stond daarvoor de schrijnwerkerij ter beschikking van de timmerman. Ook kwam er af en toe een radermaker op de molen om herstellingen uit te voeren aan rollend materieel als kruiwagens en karren. Later treffen we geen betalingen meer aan voor een timmerman. Dit stelt ons voor een raadsel. Hout bleef men te Herisem gebruiken en iemand diende dit bij defekt te herstellen. We menen, dat een dagloner hiervoor werd aangewezen, zodat men de loonkost van een zelfstandige die de timmerman toch was, kon uitsparen.

Om voldoende houtvoorraad te verkrijgen deed men rondom de molen frekwent aanplantingen. Voorts kocht men van heren uit de omgeving bomen wanneer deze in hun bossen kappingen hielden. Het zagen van de bomen geschiedde te Herisem zelf, waar men daarvoor een eigen zaagput had gemaakt. De zaagput is verdwenen, maar het alaam is nog ter plaatse. De zagers waren meestal bouwvakkers, die dergelijke aktiviteit deden in de winterperiode. Regelmatig kwamen zij tijdens de winter om bomen te zagen, te snoeien en ander houtwerk te verrichten.

De smidse

Zowel voor het herstellen van ijzerwerk binnen de molen als voor het beslaan van paarden diende men een beroep te doen op een smid. Vanaf 1874 treffen we in het bedrijfsarchief rekeningen aan van de smeden. Toch denken we dat reeds eerder een smidse bestond. Deze was op veilige afstand van de papiermolen opgetrokken om het brandgevaar te minimaliseren. Te Herisem kwamen regelmatig twee smeden werken, een hoefsmid en een gewone smid. Deze taakverdeling blijkt onder smeden een veel voorkomend gebruik te zijn. De smeden hadden ten opzichte van de timmerman en radermaker een groot voordeel, zij mochten steeds al het materiaal nodig voor de herstellingen leveren, zodat het voor hun veel lonender was om te komen werken.
De smidse bevat een unieke uitrusting aan materiaal. Naast een smidsvuur en aambeeld treft men er een tuig aan om paarden te beslaan, een met de hand aangedreven boormachine en een wals waarmee de velgen voor karrewielen werden gerond. In 1878 werd het alaam aangevuld met een ijzerdraaibank. Deze draaibank werd in de papierfabriek zelf ondergebracht, daar er in de smidse geen enkele vorm van aandrijving was. In een verlaten gebouw van de smidse troffen we ook een pers aan waarmee eertijds klampstenen werden gemaakt [10].

7 - DE PAPIERPRODUKTIE

Het fabrikageproces

Papiermaken omvat drie basisprocessen. Eerst hebben we de omwerking van de diverse grondstoffen tot een papierbrij. Daarna worden in een volgende stap uit deze brij de papierbladen geschept. Tenslotte volgt de afwerking. Deze drie delen zijn nog steeds in de hedendaagse papierbereiding terug te vinden. Alleen zijn de oorspronkelijke funkties gemechaniseerd, waardoor ze niet steeds meer van elkaar te onderscheiden zijn.
Vooraleer we onze analyse starten eerst nog wat informatie over de gebruikte grondstoffen. Papier werd in de 18e eeuw hoofdzakelijk gemaakt van lijnwaadvezels. Van houtpulp was nog geen sprake. Wanneer de lijnwaadvezels in bepaalde periodes schaars waren werd overgestapt naar koorden uit vlas als 'ersatzprodukt'. De aard van de gebruikte grondstof bepaalde grotendeels de kwaliteit van het eindprodukt. Het verzamelen van de vodden als grondstof heeft bijgedragen tot het ontstaan van het beroep van lompenhandelaar. Hij was een noodzakelijke schakel tussen de papiermaker en de bezitters van lompen. Vele van deze lompenhandelaars werden na enige tijd ook groothandelaars in papier. De lompen die zij verkochten werden hun vergoed in papier, dat zij dan op de markt brachten.

Van vodden tot papierdeeg

De aangekochte vodden werden, wanneer zij in de papiermolens kwamen, gesorteerd en gereinigd. Diverse regels bepaalden hoe men diende te sorteren, zoals de kleur van de stof en de aard van de vezel. Voor de bereiding van papier kwamen enkel stoffen van een plantaardige vezel in aanmerking. Het sorteren volgens kleur was van belang, omdat de kleur van de stof reeds in grote mate de kleur van het eindprodukt bepaalde. Witte en blauwe vodden waren erg begeerd, omdat zij konden gebruikt worden voor papier van hoge kwaliteit, dat hoge prijzen opbracht. Bij het sorteren werd tevens het meeste vuil uit de lompen verwijderd, evenals de naden. Eertijds waren deze taken meestal toegewezen aan kinderen en vrouwen. Dit was normaal, daar het een arbeidsintensieve arbeid was en op die manier de loonkosten het meest konden worden gedrukt. Ook te Herisem vinden we in de archieven, dat in 1763 een vrouw en een kind in de fabriek werkten. Deze funktie werd vroeg gemechaniseerd te Herisem, denkelijk in 1778 toen de molen sterk verbouwd werd. Het snijden en reinigen gebeurde met een machine, die men de 'duvel' noemde. Het sorteren bleef tot op het einde een manuele arbeid.

De eigenlijke verwerking van de diverse stoffen kon vervolgens aanvangen. Oorspronkelijk moest men de vodden roten om een papierpap te kunnen maken. Het roten van de vodden is goed vergelijkbaar met het vlasroten in de Leiestreek. Een stapel vodden werd gedurende lange tijd met water bevochtigd. Daarna liet men alles gedurende enkele dagen liggen. In de hoop vodden ontstaat dan stilaan een ontbindingsproces van de vezels, het doel van deze bewerking. Het broedsel is klaar om geplet en gemalen te worden wanneer men in de hoop vodden zijn hand niet kan houden vanwege de hitte. In de beginperiode duurde een dergelijk rotingsproces ongeveer een maand. Daar dit erg drukte op de produktie ging men snel zoeken naar middelen om de ontbinding van de vezels te versnellen. Een hulpmiddel, dat werd aangewend was ongebluste kalk. Te Herisem is er nog een plaats in het bedrijf met de naam kalkput, wat ons laat vermoeden, dat op die plaats oorspronkelijk de vodden geroot werden. Later (omstreeks de eeuwwisseling) werd het roten nog steeds toegepast maar dan met behulp van een stoomtrommel, waarin de vodden gedurende enkele uren onder hete stoom werden gebracht. Het broeden van de vodden was heel belangrijk, daar een fijne vezelstruktuur ook het beste papier bezorgde. Mogelijk werd door het inkrimpen van de procedure in onze streek om de produktie rendabel te houden ook hoofdzakelijk papier gemaakt van mindere kwaliteit, zoals blijkt uit de verkoopprijzen, die geregistreerd werden in de 18e eeuw.

Een broedsel dat klaar was, diende men nog enkel te wassen en te snijden vooraleer het omgevormd werd tot een papierbrij. Voor het wassen diende men overvloedig gebruik te maken van water. Te Herisem werd dit zuiver water aangevoerd van een bron, die zich circa 300 m van de fabriek bevond, via houten leidingen die in de beek lagen. Nu nog is deze bron de enige watervoorziening van gans het complex. Daar men kon gebruik maken van zuiver bronwater kon men te Herisem de zuiveringsinstallatie uitschakelen, die op vele plaatsen een noodzaak was.

Papierdeeg werd oorspronkelijk verkregen in stampkuipen. Dit waren grote bakken waarin zware hamers dreunden met aan het uiteinde messen om de lompen tot een brei te vermalen. Een papiermolen bezat meestal een batterij stampers, bestaande uit vier tot zes stampkuipen. Te Herisem had men in 1621 vier bakken. Van de ene bak ging het deeg (dat steeds fijner werd) naar de andere. Een partij vodden diende op dergelijke wijze gedurende een ganse dag bewerkt te worden om een homogene brij te vormen. Daar er te Herisem maar vier stampkuipen waren, mogen we stellen, dat het bedrijf maar een gemiddelde grootte had.

Later werd er in Nederland de cylindermolen uitgevonden. Op het einde

van de 18e eeuw was deze machine ook in de meeste Belgische bedrijven in gebruik. Het pletten en snijden van de lompen tot deeg gebeurde hier gelijktijdig door een machinale rotatiebeweging. Een ganse batterij stampers kon door een dergelijke machine vervangen worden en dan lag de produktie volgens bepaalde bronnen nog achtmaal hoger dan voorheen. Hoewel in grote bedrijven deze machines in serie achter elkaar geplaatst werden om de bewerking te versnellen, was de Herisem molen uitgerust met maar één cylindermolen.
In de bedrijven in onze streek werd meestal eerst nog een voorafgaande bewerking uitgevoerd, voordat de vodden naar de cylindermolens gingen, zo ook te Herisem. De vodden werden eerst geplet en ruw gemalen in wat men in onze streek een 'koldergang' noemt. Door het invoeren van deze machine kon het bewerkingsproces in de cylindermolen sneller gebeuren. Eén stel van deze machines had hetzelfde effekt als twee in serie gebruikte cylindermolens.

Het papierscheppen

Het echte vakwerk was wel de vervaardiging van papiervellen uit het papierdeeg. Lange tijd bleef dit een manuele bewerking. Het papierdeeg werd verzameld in een schepkuip. Dit was een grote vergaarbak, die in de meeste bedrijven opgewarmd werd door een vuur in een haard. Met behulp van een schepraam werd dan door de schepper blad na blad vervaardigd. Een schepraam bestaat uit een houten raam waarover een fijn gaas gespannen is. Los wordt hierop nog een tweede raam geplaatst, dat bij het scheppen het deeg op het raam moet houden. De handigheid van het papierscheppen bestaat er in om bij de onderdompeling van het raam in het deeg en het ophalen ervan, het papierdeeg over het raam gelijkmatig te verdelen. Het aanbrengen van schablonen in het gaas van het schepraam gebeurde om watermerken in het papier te krijgen. De watermerken waren een embleem dat gebruikt werd als reklame door de papierbedrijven en om de eigen produkten te onderscheiden. Tot heden hebben we nog geen watermerk van de Herisem molen kunnen determineren.
Elk geschept blad werd door de schepper doorgegeven aan de legger. Deze verwijderde het blad papier uit het schepraam en spreidde het uit op een vilt. Een stapel van dergelijke bladen uitgespreid op vilten werd zo constant opgestapeld en dan naar de pers gebracht om er zoveel mogelijk water uit te verwijderen. Tot in 1854 was het persen te Herisem een manuele arbeid. De drie handpersen werden pas later vervangen door de mechanische en de hydraulische pers, die zich nog steeds in het bedrijf bevinden. Waarschijnlijk gebeurde deze omschakeling omstreeks 1877.

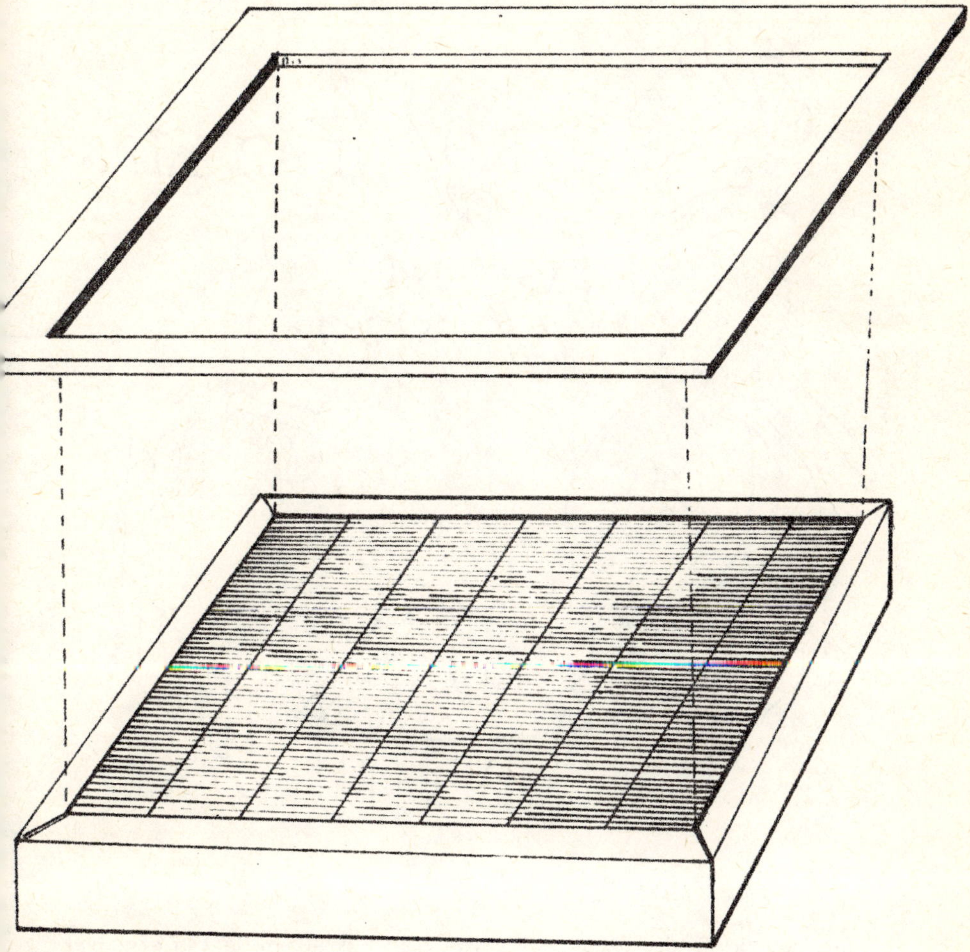

Een handschepraam met losse lijst

Watermerk in handgeschept papier. Het papier is afkomstig van een (niet nader gekende) producent uit de streek tussen Zenne en Zoniën.

De afwerking van de papierbladen

Wanneer de bladen uit de persen kwamen diende men ze af te werken, voordat ze aan de man konden gebracht worden. Een tijdrovende zaak was het drogen. Hiervoor was men oorspronkelijk aangewezen op de wind. De geperste bladen werden in pakjes van vijf in grote droogruimtes aan koorden opgehangen en dan was het wachten geblazen tot ze helemaal droog waren. Te Herisem waren praktisch alle zolders van de gebouwen omgebouwd tot droogzaal. Dit kan men nu nog herkennen aan de speciale vensters op de bovenverdiepingen. Daar men sneller diende te drogen werd sinds 1840 te Herisem ook gebruik gemaakt van een drogerij met een vuurhaard. Wat ook de weersomstandigheden waren, steeds kon een gelijke hoeveelheid papier per tijdseenheid gedroogd worden.
De eigenlijke afwerking van het papier bestond uit drie behandelingen: lijmen, satineren en kwaliteitskontrole plus inpakken. Het lijmen van de vellen papier gebeurde enkel voor schrijfpapier. Er werd te Herisem naar alle waarschijnlijkheid maar weinig gelijmd papier gemaakt. De lijm die men gebruikte was een eigen produktie, vervaardigd uit verscheidene natuurlijke afvalprodukten. Door het lijmen van het papier kreeg men een laag op het blad, die belette dat inkt uitliep. De vellen verloren hierdoor wel van hun sterkte.
Het gedroogde en gelijmde papier werd gesatineerd, hoofdzakelijk om het gedroogde papier, dat bol stond, glad te strijken. Eertijds gebeurde dit door met een glad en tamelijk zwaar voorwerp over de bladen papier te strijken. Door deze bewerking kreeg het papier ook een bepaalde glans. Satineren werd oorspronkelijk enkel uitgevoerd voor papier van hoge kwaliteit. Alvorens het papier verpakt werd om getransporteerd te worden werden de bladen onderworpen aan een kwaliteitskontrole. Alle papier dat produktiefouten vertoonde werd naar de maalbakken gebracht om opnieuw tot pap verwerkt te worden. Niet minder dan 10% van de produktie werd hierdoor opnieuw in bewerking gebracht. De meest voorkomende fouten waren rimpels, scheuren of watervlekken in de papierbladen. Indien het om gemeen papier ging lag het afvalpercentage wel veel lager. Over het afwerken van het papier vinden we maar weinig terug in de archiefdokumenten van de Herisem molen. Dit wijst er op, dat te Herisem maar weinig kwaliteitspapier werd gemaakt. De produktiekwota primeerden boven de kwaliteit van de produkten.

Papierstatistieken

Vóór 1834

Over de papierproduktie vóór 1834 hebben we maar sporadische gegevens. Een evolutieschets geven op basis daarvan is niet mogelijk. Toch willen we de lezer een kort overzicht brengen van deze fragmentarische informatie. Hetgeen hier volgt hebben we gehaald uit het al eerder genoemde notitieboekje van Winderickx, bijgehouden tussen 1763 en 1778, over de molen en de boerderij. Gedurende de hele tijd werden er leveringen van vodden genoteerd, afkomstig van een groothandelaar, F. de Paep uit Mechelen. Maandelijks leverde hij gemiddeld 3.000 pond vodden. Deze groothandelaar was eveneens de voornaamste afnemer van papier. Sporadisch noteerde de eigenaar ook andere leveringen van vodden, zonder dat daar enige regelmaat in zat. Ook over andere bestellingen weten we hoegenaamd niets. In het boekje staat alleen nog een bestelling genoteerd te Halle, van 57 riemen papier. De heer De Paep nam regelmatig om de maand 50 tot 70 riemen papier voor zijn rekening. Indien we rekening houden met statistische vergelijkingen over de produktie van deze tijd, merken we op, dat de vodden die verwerkt werden te Herisem een veel grotere hoeveelheid papier opleverden dan hetgeen afgenomen werd door De Paep [11]. De produktie van de Herisem molen moet maandelijks circa 140 riemen papier geweest zijn. Waar het papier geleverd werd dat niet door De Paep werd afgenomen is niet bekend. Dat het Brussel en Halle waren is niet zo onwaarschijnlijk, gezien hun belangrijkheid als administratieve centra.

Ná 1834

Vanaf 1834 kan de papierproduktie te Herisem geheel in beeld gebracht worden. Voor de laatste 30 jaar van de produktie hebben we voldoende archiefmateriaal om de totale produktiecurve samen te stellen.

Een analyse van de cijfers (zie ook bijlage D) ondersteunt hetgeen we weten uit de ontwikkelingsgeschiedenis van het bedrijf. Enkel de stijging van de produktie in 1842 blijft een probleem. We weten dat toen een tweede waterrad werd geplaatst, maar met welk doel blijft een gissing. Wanneer we op basis van ons bekende cijfers een berekening maken van de afvalpercentages die men realiseerde, is het duidelijk, dat zich in 1842 een daling voordoet. Zonder twijfel is dit het gevolg van een mechanisatie, maar welke?

Een analyse van de produktiestatistieken brengt ook aan het licht waarom te Herisem (in 1858) overgegaan werd op de produktie van karton. Nadat men een constante aangroei had gekend van de produktie tot 1846 (hetgeen

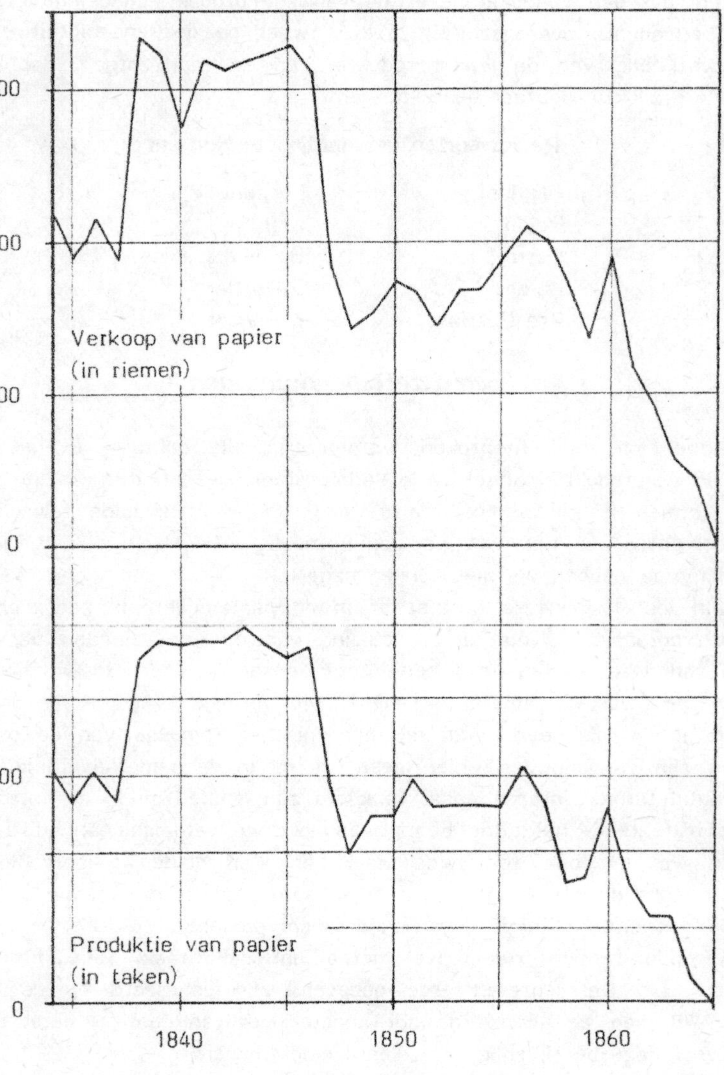

De produktie en verkoop van papier in de periode 1834 - 1865
(voor gedetailleerde gegevens - zie Bijlage D)

grote investeringen gevergd had) kwam er plotseling de krisis van 1847-48. De produktie daalde aanzienlijk en het bedrijf had een overcapaciteit. Welke inspanning men ook leverde, nooit kon men na 1848 het produktiepeil bereiken, dat een volledige bezetting van alle produktiemiddelen verzekerde. Deze permanente overcapaciteit drukte zwaar op de rendabiliteit en enkel de inschakeling van de kartonproduktie kon er voor zorgen, dat opnieuw het hele produktieapparaat gebruikt werd.

Papiersoorten vervaardigd te Herisem

Oliphant	Londens
Royal	Klat
Carré	Brouwerspapier
Balans	3 Ponder
Pro Patria	6 Ponder

Kwantiteitsaanduidingen

De termen die hier besproken worden zijn alle gebruikt in het bedrijf, ofwel in de produktie, ofwel in de verkoopsfeer. De definitie van de verschillende termen is geldig voor de periode 1840-60. Bepaalde termen zullen doorheen gans de tijd van de papierproduktie te Herisem niet gewijzigd zijn, maar dit hebben we niet kunnen nagaan.
Zoals in iedere industrie bestaat er in de papiernijverheid een eigen vakjargon, voornamelijk voor de aanduiding van de hoeveelheden papier. Een aantal van deze termen bezit een internationaal karakter. Hoewel de meeste termen een vaste maatstaf waren is dit veranderd tijdens de loop van de 19e eeuw, als gevolg van de mechanisatie. Sommige van de oude begrippen zijn vandaag zelfs niet meer gekend in de papiernijverheid. Hoewel een aantal termen internationaal verspreid zijn dekken zij in de verscheidene landen niet steeds hetzelfde begrip. Wanneer we vergelijkingen willen maken moeten we dan ook zeer waakzaam zijn. Een duidelijk voorbeeld wordt gegeven door de afwijkingen in de standaard papierformaten, die er bestaan tussen Nederland en België voor handgeschept papier.
De volgende termen zullen we hierna ontleden: taak, riem, boek, post, velt en pak. De gepresenteerde gegevens zijn gebaseerd op de Herisem molen. Wil men ze gebruiken voor andere bedrijven dan zal eerst de validiteit voor deze bedrijven gekontroleerd moeten worden!

De taak

Sinds 1835 gebruikte men dit begrip en het raakte pas in onbruik bij het stoppen van de papierproduktie. Het werd gebruikt in de produktiesfeer. Voor zover wij konden vaststellen werd de taak gebruikt als eenheidsmaat om aan diverse arbeiders hun lonen uit te betalen, zo ondermeer de papiermakers en de maalders. Hoewel oorspronkelijk een bepaalde hoeveelheid papier bedoeld werd gaat dit later niet meer op. Toen men meerdere papiersoorten ging vervaardigen varieerde de bedoelde hoeveelheid papier per taak al naargelang de soort. Denkelijk heeft deze wijziging te maken met de grote diversiteit aan papierformaten die er op de markt kwamen en die men te Herisem ook ging vervaardigen. Van waar het begrip oorspronkelijk werd afgeleid is onbekend. Mogelijk was het oorspronkelijk gelijk te stellen aan de hoeveelheid papier, die op een arbeidsdag door een papierschepper en zijn medewerkers volgens de heersende normen en technieken kon vervaardigd worden.

De riem

Deze term is algemeen gekend in de Europese papiernijverheid. De benaming is afkomstig van het Arabische 'rizma', dat pak betekent. De term komt erg frekwent voor en werd gebruikt bij de verkoop van papier. Over het aantal vellen, dat een riem papier omvat bestaat geen eenduidigheid. Geraadpleegde bronnen geven zowel 480 als 500 bladen aan. Uitzonderlijk vonden we de aanduiding 'printers ream', die 516 vellen bevat en 'neuries', een hoeveelheid van 1000 bladen. Voor Herisem geldt: 1 riem = 480 bladen. Uitzondering vormen de riemen 'Londens' en 'Klat', waar een riem bestond uit 960 vellen papier. Tussen de begrippen riem en taak heeft er tijdens gans de periode een vaste verhouding bestaan (die wel afhankelijk was van de papiersoort). Enkele kleine afwijkingen zijn het gevolg van verschillen tussen de reële produktie en de afgeronde genoteerde waarden in de inventarissen.

Hoewel het begrip riem een vrij variabele inhoud heeft wordt het veel gebruikt om vergelijkingen te maken tussen bedrijven. Dit omdat sinds lange tijd produktiestatistieken in riemen werden opgemaakt. Toen de machinale papiersoorten op de markt kwamen verdween deze term. Voor machinaal papier kan men niet meer spreken over een aantal bladen papier, gezien het continu produktieproces. Het valt dan ook moeilijk om vergelijkingen te maken tussen de produkties van handgeschept en machinaal papier binnen één en hetzelfde bedrijf.

Het boek

Iedere riem bestaat uit twintig boeken. De dubbele riemen die te Herisem gebruikt werden bestonden uit 40 boeken papier. Zodoende was een boek papier dus een eenheid van 24 vellen papier. De eenheid komt weinig voor in de dokumenten van de Herisem molen. Slechts in een dokument uit de 18e eeuw wordt er gewag gemaakt van de verkoop van een aantal boeken papier. Hoogstwaarschijnlijk was deze term meer in gebruik bij kleinhandelaars. De term is specifiek voor de verkoop, want ook in het vakjargon van de arbeiders komt hij niet voor.

De post

De benaming post is zeer eigen aan de papiernijverheid. Al naar gelang de papiersoort heeft deze term een andere inhoud. We vonden de volgende specifikatie in een Engels werk: "A 'quire' of 144 sheets of paper was built op. In the days of screw presses, six quires would form a 'post' which was taken to the presses" [12]. Het was dus in feite een eenduidige hoeveelheid papier van een welbepaalde soort die men tezelfdertijd kon in de handpersen plaatsen. Deze term is te Herisem maar éénmaal teruggevonden in het archief. Ongetwijfeld behoorde hij tot het jargon van de papiermakers in het bedrijf. Voor de buitenwereld waren andere kwantiteitsaanduidingen van toepassingen.

Het velt

De benaming velt is nauw verwant met de term post. Oorspronkelijk is hij afkomstig van 'vilt'. Deze stof werd gebruikt om tussen de pas geschepte bladen papier te leggen, zodat ze bij het persen niet in elkaar zouden verstrengeld geraken. Per post van een bepaalde papiersoort had men steeds een wel bepaald aantal velten nodig bij het persen. Aan de hand van deze laatste termen is het mogelijk de grootte van de persen te bepalen, indien we het formaat van het papier kennen.

Het pak

Deze aanduiding wordt slechts voor twee papiersoorten te Herisem gebruikt. In al de overige dokumentatie is deze term nooit vermeld. Te Herisem spreekt men van een pak 'Klat' en 'Londens'. Wanneer men de term pak gebruikt, is dit ter vervanging van de term riem als hoeveelheidsaanduiding. Er geldt: 1 pak = 1,5 riem. Een oorzaak van deze substitutie hebben we niet kunnen achterhalen, maar het is opmerkelijk, dat het enkel voor de papiersoorten is, die 960 bladen in een riem hebben dat deze benaming gebruikt werd. En hoewel de aanduidingen riem en pak door elkaar gebruikt werden voor deze papiersoorten, gaf men te Herisem duidelijk de voorkeur aan de benaming pak. Later, toen het bedrijf overschakelde op de produktie van karton, was de aanduiding pak de enige die bleef bestaan. Zowel voor de berekening van de stuklonen als voor het aangeven van de verkochte hoeveelheid karton was het pak de maat. In de produktiesfeer omvatte een dergelijk pak karton 80 velten.

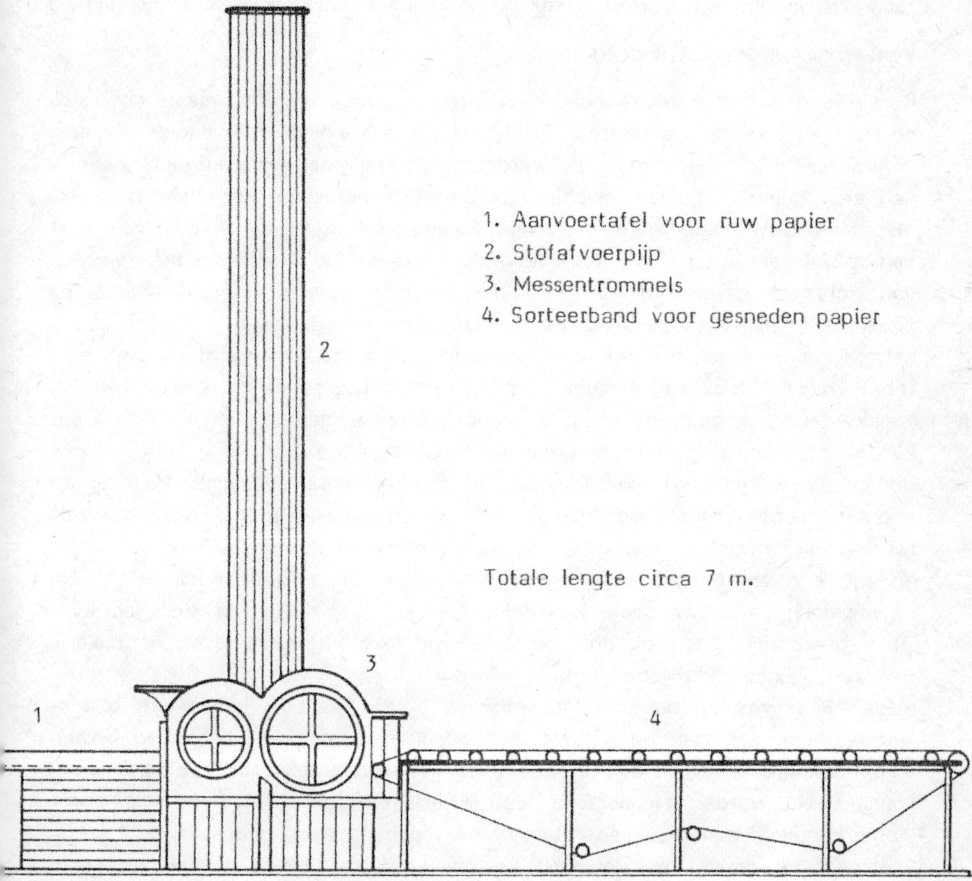

'Den duvel', zo genaamde snij- en sorteermachine voor papier.

8 - DE KARTONPRODUKTIE

Het fabrikageproces

We beschrijven het produktiesysteem dat zich nu nog in het bedrijf bevindt. Dit dateert uit de laatste helft van de 19e eeuw - hoewel er machines zijn van oudere datum. Gans het systeem is de schakel tussen het ambachtelijk fabriceren van karton en de tegenwoordige volautomatische installaties.

Van grondstof tot kartondeeg

Kartondeeg werd hoofdzakelijk verkregen uit oud papier, maar ook stro en lompen werden verwerkt. Zoals bij de bereiding van papier dienden de grondstoffen gereinigd te worden en daarvoor maakte men gebruik van een 'duivel'. In deze machine werd het papier door roterende trommels met messen gesneden. De roterende beweging zorgde er tevens voor dat een groot deel van het vuil verwijderd werd. De papiersnippers werden dan achteraf gesorteerd volgens kleur op een lopende band. Dit sorteren gebeurde manueel door jeugdige werknemers, hoofdzakelijk vrouwen. Voor het snijden van lompen en stro bestonden afzonderlijke machines. Het sorteren volgens kleur was bedoeld om bij de aanvang reeds te kunnen bepalen welke kleur het eindprodukt ging hebben. Al naar gelang de soort en kleur karton, die men ging maken werden de basisprodukten gemengd.
De gevormde mengsels werden dan in de kalanders gebracht. De papiersnippers werden eerst wel gedurende een bepaalde tijd in water geweekt tot zij oververzadigd waren. In de kalander werd het ganse goedje geplet en tot een zware brij van vezels ontbonden. Deze zware brij werd dan - aangelengd met een grote hoeveelheid water - in de 'Hollanders' gebracht. Deze bewerking had tot doel van de brij een homogeen deeg te maken, met een welbepaalde vezellengte.
Sinds 1896 was er ook een machine in bedrijf om de lompen te onderwerpen aan een voorbereidende behandeling. Snippers van lompen waren nogal moeilijk te ontbinden in het oude proces, hetgeen de produktie vertraagde. Nu werden zij eerst in een rotatieketel gebracht, waar zij onder stoom kwamen, zodat er een rotingsproces op gang werd gebracht.
Voor het bekomen van gekleurd karton werd er tijdens de bewerking in de Hollanders een kleurstof toegevoegd aan het deeg. Het kleuren gebeurde tijdens deze bewerking, omdat hier de kleurstoffen zich gelijkmatig konden verdelen.

Van deeg tot kartonbladen

Het gevormde kartondeeg, opgestapeld in vergaar- of 'stof'bakken werd via een pompsysteem naar de mekanieken gebracht. Om aan het deeg de gewenste vloeibaarheid te geven kon men tijdens het oppompen water toevoegen. Dit water werd 'recycled' uit vroegere bewerkingsfasen en bevatte deeltjes kartondeeg. Het deeg werd door een ingenieus systeem op een kopergaasband gelijkmatig uitgespreid. Aan het einde van deze band, die onophoudelijk draaide bevonden zich .cylinders, waartegen het deeg bleef plakken door de druk die uitging van de cylinders op de band. Afhankelijk van de dikte die het karton moest hebben liet men meerdere lagen tegen de cylinders komen. Wanneer de gewenste dikte bereikt was, werd het kartonblad van de cylinder afgesneden. Op deze wijze kon men dagelijks per machine een produktie bekomen van ongeveer 800 kg. Deze was wel afhankelijk van de dikte, die het karton moest hebben. Het is pas sinds 1873, dat dit systeem te Herisem in gebruik werd genomen, voordien werd het karton met de hand geschept - zoals papier.

De afwerking

De afwerking van karton gebeurde in verschillende fasen. Achter de mekanieken werden de bladen gestapeld en regelmatig voerden werklieden hiervan pakken af naar de persen. Het karton was nog met water overladen. De bladen werden in pakken van vijf in de persen gelegd. Tussen de pakken bracht men grove stoffen, die het afvoeren van water uit het karton moesten bevorderen. Twee persen zijn te Herisem nog aanwezig, namelijk een mechanische en een hydraulische. Van de handpersen die voordien gebruikt werden (en die beschreven staan in de verzekeringspolis van 1854) hebben we geen spoor gevonden.

De geperste bladen werden vervolgens afgevoerd om te drogen. Het drogen geschiedde te Herisem op verschillende wijzen. Tijdens de winter maakte men gebruik van zowel stoomdroogplaten als van een droogruimte, opgewarmd met cokesvuren. Het artificieel drogen van het karton had echter nadelen. Als karton té snel droogde, ging het achteraf verpulveren. Een constante en degelijke kontrole was hier dus aangewezen. Voor de rest werd alle karton buiten gedroogd. De bladen werden in de weiden rond de fabriek uitgespreid en konden daar op natuurlijke wijze drogen. Dit laatste werd geprefereerd, vooral omdat het goedkoop was, maar tevens omdat het onmogelijk was, dat de bladen te snel droogden. Een verder voordeel was, dat bij het drogen geen verkleuring optrad. Het karton (voornamelijk wit) werd op deze wijze ook nog gebleekt, zoals men dit ook

deed met de 'witte was'. Wanneer het plotseling begon te regenen was het een ware paniek in de fabriek: iedereen die maar enigszins zijn plaats kon verlaten werd opgetrommeld om het karton binnen te halen, dat buiten te drogen lag.
Dan volgde de behandeling in de 'satinerie'. De gedroogde bladen, die sterk gegolfd waren, werden hier door cylindermachines gevoerd. Zware cylinders, die op elkaar draaiden moesten door de druk de bladen vlak persen. Twee dergelijke machines bevinden zich nog in het bedrijf. De modernste en grootste is uitgerust met cylinders, die opgewarmd werden met stoom. Door de druk en de warmte kregen de bladen een glanzende schijn, vandaar de naam satineren. Bladen die luchtblazen hadden werden na deze bewerking vermalen, omdat zij niet konden worden verkocht. Nadien werd het karton op maat gesneden en verpakt. Te Herisem had men daarbij een beperking. Het werken met mekanieken liet niet toe een bepaald formaat karton te overschrijden.
Bij het verpakken van het karton gebeurde nog een laatste kwaliteitskontrole. Bladen met enigerlei afwijking werden vermalen en herwerkt. Bij het verpakken werd regelmatig de dikte van het blad karton gekontroleerd. Hiervoor gebruikte men een micrometer. Dit laatste geeft ons een indicatie hoe nauwkeurig er met - rudimentaire - machines gewerkt diende te worden.

Kartonstatistieken

De cijfers waarover we beschikken omvatten niet uitsluitend de produktie- en aankoopgegevens van het bedrijf te Herisem. Zoals beschreven bestonden in de periode 1860-94 twee bedrijven, waarvan de boekhouding gezamenlijk werd gedaan. Na 1900 hebben we eenzelfde fenomeen, door het samengaan van de Herisem molen met de kartonfabriek van Virginal-Samme.

Een analyse

In de verkoopcijfers wordt duidelijk de ontwikkeling van het bedrijf vastgelegd. De diverse stappen in de groei naar een industriële onderneming zijn duidelijk vast te stellen. Iedere verbetering resulteerde praktisch in een verhoogde verkoop. Algemeen stellen we een stijgende trend vast in de verkopen, hoewel er onregelmatig inzinkingen zijn. De jaren van mindere verkoop zijn deels te verklaren door de schommelingen in de algemene konjunktuur. Toch verklaren deze niet alle afwijkingen, want ook transformaties in het bedrijf hadden soms hun weerslag op de produktie. Deze laatste werden echter vlug opgevangen door de verbeteringen die zij meestal brachten in het produktiesysteem.

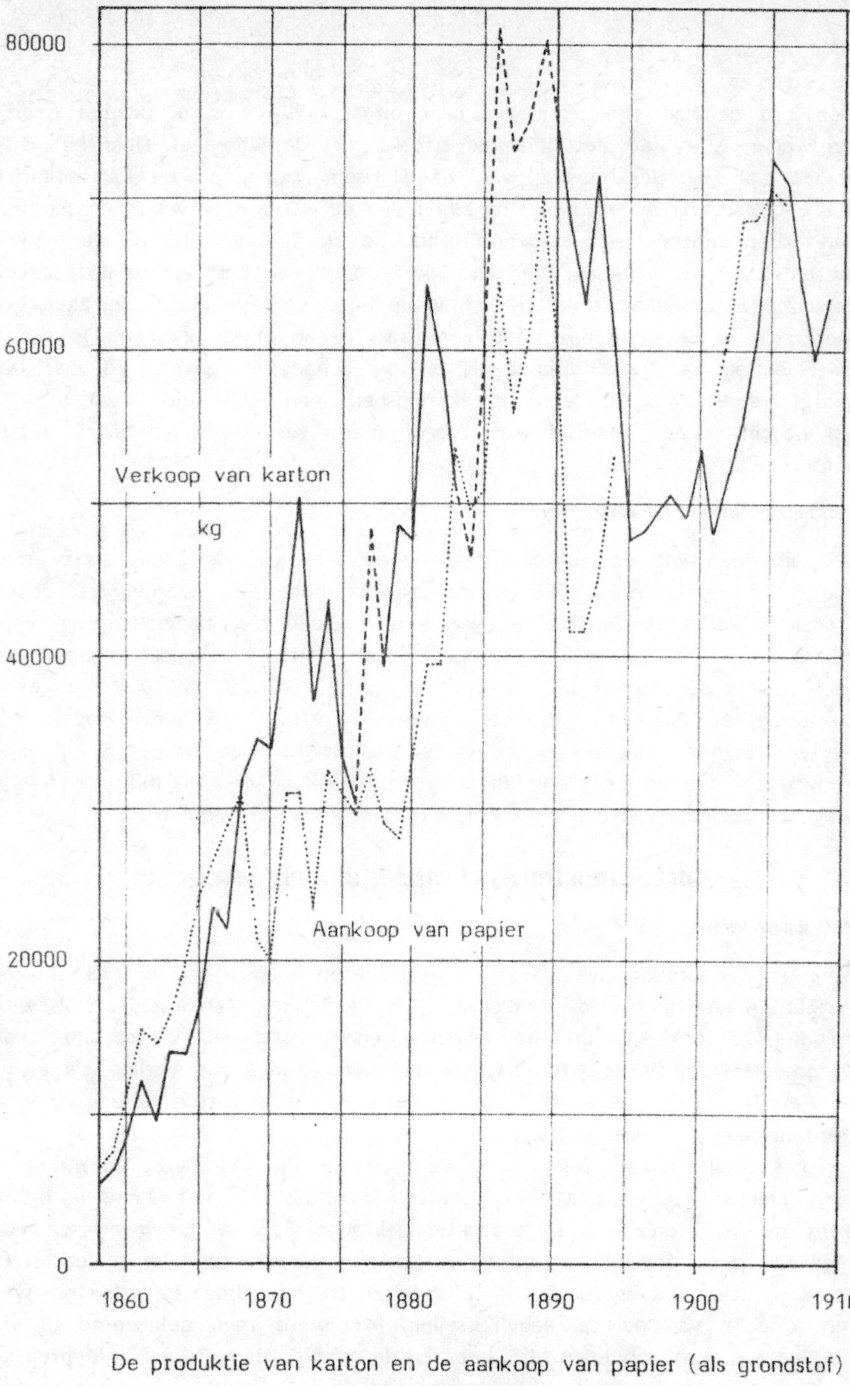

De produktie van karton en de aankoop van papier (als grondstof)
in de periode 1858 - 1910
(voor gedetailleerde gegevens - zie Bijlage E)

Men zou geneigd zijn te stellen, dat circa 1890 de groei uit het bedrijf verdwenen is - wat niet helemaal strookt met de waarheid. Door het ontbinden van de boekhouding van de Herisem molen en de kartonfabriek in Tenbroek krijgen we een vals beeld van de verdere ontwikkelingsgeschiedenis. Een tendens van stijgende produktie en de aankoop van de nieuwe kartonfabriek te Virginal zijn duidelijke sporen van een voortgaande groei. Een stop in de groei treedt pas op in de jaren voor de eerste wereldoorlog, toen zich in de papiernijverheid een krisis begon af te tekenen. De eerste wereldoorlog zelf zou vele bedrijven de genadeslag geven, zo ook het bedrijf te Virginal. Uit een verzekeringspolis van 1925 leiden we af, dat het bedrijf volledig inaktief was, reden om de verzekerde waarde te reduceren.

Produktie versus grondstoffen

Het uitstijgen van de verkoopcijfers boven deze van de aankopen is eenvoudig te verklaren. In 1867 werd er voor het eerst overgegaan tot de produktie van kartonvariëteiten, welke niet alleen met papier werden vervaardigd. Van de aangekochte hoeveelheden stro en vodden hebben we geen cijfers opgenomen bij de statistieken. De reden is, dat we geen eenduidige cijfers hebben over het gebruik van stro. Grote hoeveelheden stro waren afkomstig van de eigen hoeve. Slechts toen de fabriek te Virginal in werking trad en zich specialiseerde in strokarton werden daar regelmatig grote hoeveelheden stro aangekocht van hoeves uit de omgeving.

Kartonsoorten: prijsstruktuur en -evolutie

Het assortiment

Wanneer we spreken over diverse kartonsoorten betreft het eigenlijk diverse variëteiten van eenzelfde kartonsoort, namelijk gekoetst karton. Het verkrijgen van deze variëteiten gebeurde enkel door het voorsorteren van de grondstoffen. De ontwikkeling van het produktengamma verliep als volgt. Er werd in 1858 gestart met de produktie van **grijs** karton. Reeds in 1860 werd hieraan een **half-witte** variëteit toegevoegd. In 1867, na het opstarten van het eerste filiaal breidde men de produktie uit met twee nieuwe soorten, namelijk **wit** en **geel** of strokarton. Een laatste soort, namelijk **bruin**, werd in de jaren 1880 in produktie gebracht. Sporadisch vinden we nog gegevens over andere kartonsoorten, zoals : **zwart**, **rood** en **leder**karton. De produktie hiervan gebeurde uitsluitend op bestelling. Lederkarton was een produkt van na de eeuwwisseling. Het werd toen gelanceerd bij de producenten van schoenen. Of het op de markt brengen van dit produkt slaagde konden we niet achterhalen, daar we niet over de nodige gegevens beschikken.

Prijsontwikkelingen

Het is de bedoeling om na te gaan of uit een analyse van de prijsontwikkelingen nieuwe gegevens over het bedrijf af te leiden zijn. Hierbij gaat het vooral om de reakties op krisis-perioden in de economie. Andere bronnen geven hierover nauwelijks uitsluitsel.
De studie van de prijzen beperkt zich tot een periode van vijftig jaar en vertoont een open ruimte voor de periode 1883-89 bij een gebrek aan bronnen. Daarnaast verliezen we tussen 1894 en 1901 ieder spoor over de prijs van geel karton. Dit is het gevolg van de separatie tussen de Herisem molen en het filiaal te Alsemberg. De gezamenlijke boekhouding stopt in juli 1894. De boekhouding van de Herisem molen wordt hernomen voor de maand juli, met uitzondering van de verkopen van strokarton. Dit is een duidelijke bevestiging, dat te Alsemberg enkel geel (stro-)karton werd geproduceerd.
In 1858 werd te Herisem het eerste karton geproduceerd en verkocht. In alle opzichten waren de produktie en verkoop vergelijkbaar met deze van papier. Men beperkte zich tot één soort karton in verschillende formaten, namelijk: 8 x 10, 8 x 24, 18 x 30, 24 x 30. Deze formaten liggen volledig in de lijn van het handgeschept papier. Waar papier verkocht werd per aantal bladen, trachtte men dit met karton ook te doen. Weldra bleek deze opvatting verkeerd en schakelde men over op de verkoop volgens gewicht. Het was aanvankelijk wat zoeken voor het vastleggen van een prijs. Men had zodoende geen vaste prijs voor karton. Toen men achteraf tot een vast prijsstelsel gekomen was, had men nóg geen eenvormige prijs, daar men verschillende dealertypes had.
De prijsevolutie bespreken is geen eenvoudige opgave vanwege de gedifferentiëerde prijsstruktuur. Om alle prijsschommelingen te achterhalen zou het nodig zijn een analyse per klant te maken, maar om praktische redenen was dit niet te verwezenlijken. Verder is het zo, dat niet iedere kartonsoort eenzelfde prijsevolutie kende, voornamelijk omdat de prijs der grondstoffen verschillend evolueerde.
Voor de prijs van het **grijs** karton was het aanvankelijk zoeken naar een richtprijs. Omstreeks 1859 werd deze kartonsoort verkocht tegen 18 fr de honderd kg. Reeds vlug werd door de belangrijkste klanten een gunstiger levering bedongen en geleidelijk werd de prijs afgebouwd. In 1868 werd grijs karton verkocht tegen een prijs die schommelde tussen de 15 en 18 fr. Korte tijd later zou ook de maximum prijs afgebouwd worden tot 17,25 fr.

De richtprijs was op dat ogenblik 16,5 fr. Onder druk van de krisis en de stijgende grondstofprijzen kregen we in 1873 een plotse verhoging van de prijs. Deze schommelde nu tussen 17 en 21 fr. Dit was echter maar een kortstondig verschijnsel. Vanaf 1875 begon de richtprijs opnieuw een dalende trend te vertonen. De afbouw van de prijs duurde tot 1878, toen men in het najaar opnieuw het niveau van voorheen bereikt had. De dalende trend moet zich verder doorgezet hebben. In 1890 schommelde de prijs nog amper tussen 13,5 en 15,5 fr. In 1893 bereikte men de laagste prijzen, namelijk 10,5-12 fr. Het prijsverloop vanaf dat moment was zeer onrustig, met korte stijgingen en dalingen, die elkaar opvolgden zonder wezenlijke tendenzen in één of andere richting. Dit laatste valt samen met de instabiliteit en krisis, die men toen kende in de economie op wereldvlak. Pas in 1901 zien we opnieuw een prijsstijging; de prijs wordt dan opgetrokken naar een niveau schommelend tussen 13 en 16 fr. Dit prijspeil wordt bewaard tot 1910 (op enkele tijdelijke schommelingen na).
Het prijsverloop voor **half-wit** is analoog aan dat van grijs karton, daar de grondstof vrijwel dezelfde is als deze van grijs karton. Daar sorteren van de grondstof nodig was om half-wit karton te maken, lag de prijs van dit karton hoger dan die van het grijs. Aanvankelijk bedroeg de prijs 25 fr per honderd kg. Later werd deze afgebouwd - voor een aantal klanten - tot 22 fr. In 1873 zien we een hernemen van de oude prijzen, maar al spoedig werd een dalende prijstrend merkbaar, die duurde tot 1900. Van een prijs die schommelde tussen 22 en 25 fr in 1875 daalde men naar 14 tot 17 fr in 1900. Na de eeuwwisseling steeg de minimumprijs tot 16 fr. De maximumprijs reageerde later en bereikte pas in 1905 de 18 fr. Een verdere prijsstijging naar 1910 toe bleef voor dit produkt merkbaar.
De prijsevolutie voor **wit** karton (dat geproduceerd werd sinds 1867) kent een veel stabieler verloop. De prijs van de grondstof bleef gedurende heel de periode vrij hoog, zodat het onverantwoord was hier een prijsreductie te verlenen. Een richtprijs voor dit produkt was oorspronkelijk 30 fr per honderd kg. Tot 1875 bleef deze prijs behouden, hoewel sommige kleinere afnemers een eenheidsprijs betaalden, die kon oplopen tot 35 fr. De dalende prijzen naar het einde van de eeuw toe waren ook van toepassing op het wit karton na 1880. Geleidelijk kwam men tot een prijs van 24 tot 26 fr (1892). De prijs zou opnieuw licht stijgen vanaf 1901 met 1 fr per honderd kg. In 1909 echter noteerden we opnieuw voor het eerst een prijs van 30 fr per honderd kg.
De prijs van **bruin** karton, waarover we voor het eerst gegevens hebben in 1890, schommelde tussen 20 en 22 fr per honderd kg. Naar de eeuwwisseling toe krijgen we een lichte daling in de prijs met gemiddeld 1 fr.

In 1909 bleef de prijs echter gestabiliseerd op 19 tot 20 fr. In tegenstelling tot de andere kartonsoorten had men hoegenaamd geen prijsschommelingen in deze kartonsoort.
Voor **geel** karton (strokarton) zien we tussen 1867 en 1882 verschillende schommelingen in de prijs. Deze was in sterke mate afhankelijk van de kosten van stro. Al naar gelang de oogst veel of weinig stro opleverde kon men fikse prijswijzigingen krijgen. Jaar na jaar had men voor dit produkt andere prijzen. De uiterste prijzen, die wij konden noteren tot 1882 waren 15 en 24 fr. De richtprijs van 18 fr kon nooit lang aangehouden worden. De prijs van dit produkt zou later ook een forse daling doormaken en pas naar de eeuwwisseling toe stabieler worden. Tussen 1890 en 1893 bleef de prijs gestabiliseerd op 14 tot 15 fr per honderd kg. Toen in 1901 de produktie hernomen werd en men machinaal dit produkt ging vervaardigen kreeg men nieuwe prijzen, die echter niet veel van de vroegere afweken; deze schommelden tussen 14,5 en 16,5 fr.
Algemeen kunnen we stellen dat karton een produkt was, dat aanvankelijk nieuw was en daardoor een tamelijk hoge verkoopprijs had. Later werd deze geleidelijk afgebouwd onder druk van de konkurrentie. Tijdens periodes van krisis versnelde de prijsdaling, of kreeg men een plotse opleving van de prijs. De daling was een trend, die zich doorzette tot 1899. Daarna constateert men een stijgende prijs, denkelijk het gevolg van de eerste sociale wetten. Door een kontrole op de arbeidsduur en de lonen diende men - om de winstmarge te behouden - een prijsverhoging in te bouwen als de lonen stegen of de prijs van de grondstof wijzigde. Het was voornamelijk de systematische stijging van de loonkosten, die na 1900 de prijsverhoging veroorzaakte voor de diverse kartonsoorten.
Naast de prijzen die we voor de diverse kartonsoorten hebben aangegeven konden we soms nog uitzonderlijke prijzen noteren. Voornamelijk was dit het geval voor bestellingen van speciale formaten. De verkoopprijs voor dergelijke formaten lag gemiddeld 1 fr hoger dan de gebruikelijke prijs. Voor de export noteerden we fel afwijkende prijzen. Gemiddeld lag de prijs van het karton dan 5 fr boven de gebruikelijke maximumprijs. Deze forse verhoging was deels het gevolg van de verpakkingskosten, die veel hoger opliepen. Ook diende men de transportkosten te rekupereren.
De voornaamste klanten konden genieten van twee percent korting voor kontante betaling. Dit voordeel, dat aanvankelijk beperkt bleef, werd omstreeks de eeuwwisseling een bijna algemene stelregel bij iedere verkoop.

9 - SOCIALE ASPEKTEN VAN DE PRODUKTIE TE HERISEM

Steeds meer komt de studie van de sociale geschiedenis - of deelaspekten daarvan - in de belangstelling. In het onderhavige werk willen we aan dit belangrijke onderwerp niet voorbijgaan. De analyse en presentatie van de beschikbare gegevens zijn niet eenvoudig. Veelal gaat het om kleine details, die een beeld geven van de arbeidsverhoudingen tussen werkgever en werknemer. Naast de archiefbronnen beschikten we ook over gegevens van oudere mensen, die ooit in de fabriek gewerkt hebben.

De arbeidslonen

In de loonanalyse blijven er enkele periodes onbesproken, bij gebrek aan archiefmateriaal. Een aantal berekeningen waren nodig om de lonen onderling vergelijkbaar te maken, waardoor het ook niet mogelijk is om in deze analyse té korte periodes te bespreken.

De vroege periode

De eerste loongegevens vinden we in het notitieboekje van Winderickx uit 1763, bijgehouden gedurende een tiental jaren. Daar wij deze cijfers niet konden vergelijken met andere uit dezelfde periode en het irrelevant is ze te vergelijken met cijfers uit latere periodes hebben we ons beperkt tot een onderlinge vergelijking. De mannen verdienden het dubbele van de vrouwen en tussen het loon van een man en dit van een kind bestond een verhouding van één op vier. Een wezenlijke vorm van discriminatie kunnen we dit laatste niet noemen. Ook nu nog worden arbeiders met een leerkontrakt karig vergoed. In onze bedrijven bestaan er verder nog steeds verschillende loonschalen al naar gelang het werk dat men uitvoert. De loonsverschillen te Herisem moeten we in deze optiek beschouwen. Zoals overal in de bedrijven lagen de lonen te Herisem ook in de buurt van het bestaansminimum. Om wat meer zekerheid te hebben, dat men niet in armoede kwam bij de minste loonsdaling, trachtten de arbeiders hun inkomen te verhogen met de opbrengsten van een eigen kleine landbouwuitbating. Deze in Vlaanderen veel voorkomende combinatie treffen we ook aan te Herisem. Een van de arbeiders leende daarvoor soms de paarden van de boerderij om zijn eigen lapje grond te bewerken. Deze gunst werd hem achteraf aangerekend als een loonsuitkering in natura. Van een werkelijk voordeel kunnen we dan ook geen gewag maken in dergelijke omstandigheden.

Van 1834 tot 1858

We overbruggen nu een tijdskloof tot 1834 voor we opnieuw loongegevens aantreffen. Vanaf dit jaar beschikken we over een doorlopende cijferreeks tot en met 1868. De bespreking hebben we opgedeeld in twee periodes, waarvan de scheiding samenvalt met het jaar 1858, toen de voor het bedrijf levensnoodzakelijke beslissing werd genomen om van papier over te schakelen op de produktie van karton. Om een doorlopend overzicht te kunnen maken hebben we de loongegevens, die we haalden uit diverse bronnen, met elkaar in overeenstemming moeten brengen. Het komt er in de hierna volgende bespreking zo veel mogelijk op aan een waardebepaling van het loon dat te Herisem werd uitgekeerd te achterhalen.
Tijdens de periode 1834-1858 bleven de lonen praktisch stabiel, afgezien van een aantal jaarlijkse schommelingen. Een tendens van geleidelijke stijging tekende zich wel af na 1838, toen zowel het produktengamma als de produktiekapaciteit werden opgedreven. De eerste industrialisatie had ontegensprekelijk een positieve invloed op de lonen. De gunstige evolutie werd echter tot staan gebracht in 1847, toen er in gans het land hongersnood heerste en men te kampen had met een tot dan toe ongekende krisis. Niet alleen leidde deze tot een forse loondaling, tevens werden vele arbeiders werkloos. Te Herisem werd op een tijdspanne van drie maanden twee derde van de arbeiders ontslagen, door een gebrek aan werk. Pas in 1858, toen men een nieuwe beleidslijn ging volgen, kon men aan deze minder gunstige evolutie wat veranderen.
Zoals op de meeste plaatsen had elke industrialisatie te Herisem een invloed op de lonen. Niet alleen het nominaal loon werd beïnvloed, ook het loonstelsel. Van oudsher werden de arbeiders te Herisem vergoed tegen een stukloon. Deze uitkeringsvorm, die stamde uit het Ancien Regime, was erg geschikt omdat men ieder vergoedde al naar gelang zijn inzet. Zolang men ieders inspanning kon vereenzelvigen met een eenheid afgewerkt papier bleef dit stukloon toepasselijk. Toen onder druk van de industrialisatie in 1839 een aantal deeltaken werd gekreëerd, was dit niet meer mogelijk. De arbeid van enkele arbeiders was niet meer rechtstreeks toe te wijzen aan de afgeleverde produktie. Voor deze nieuwe taken werden de arbeiders vergoed op basis van een stukloon. Deze groep van werklieden werd naar gelang de industrialisatie vorderde steeds belangrijker en zou tenslotte de stukloonarbeiders volledig verdringen. In dit feit kunnen we duidelijk een eerste stap zien van de overgang van een ambachtelijk bedrijf naar een industrieel complex.
Tweemaal konden we in de periode 1834-58 een loonswijziging vaststellen.

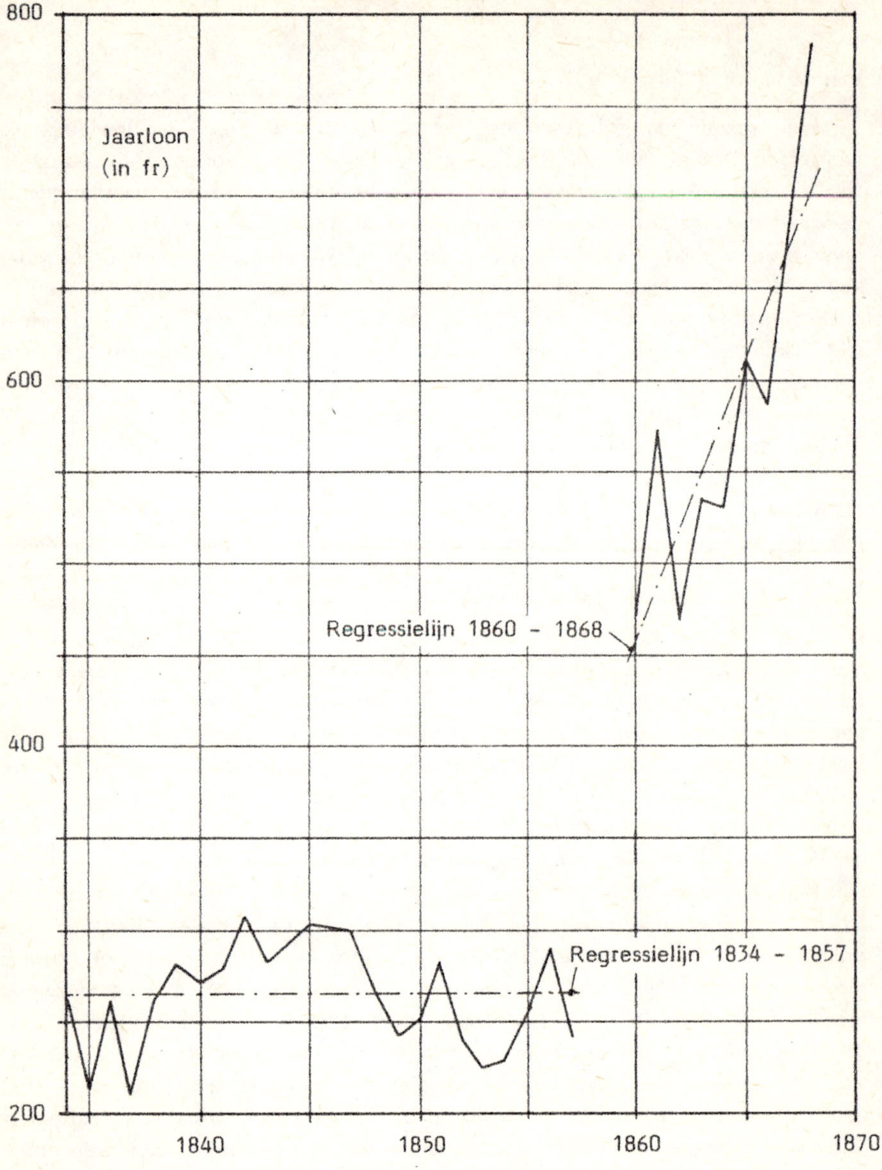

Evolutie van het papiermakers(jaar)loon in de periode 1834 - 1868
(voor gedetailleerde gegevens - zie Bijlage F)

In 1838 kwam er een aanpassing in de stuklonen van de papierscheppers. Door het invoeren van papiersoorten die hogere kwaliteitseisen stelden was het nodig dit ook te laten doorwerken op de lonen. Het waren enkel de papierschepper en koetser die de loonsverhoging voor hun rekening namen. Een algemene stijging in de lonen treffen we pas aan in 1856. Toch moeten we vaststellen, dat zich tijdens deze periode in feite een daling voordoet in de lonen, in een verdoken vorm. De lonen waren een kostenpost, die de bedrijfsleiding intern volledig kon kontroleren en zij werd dan ook dikwijls gehanteerd om de eigen winstmarge veilig te stellen, wanneer minder kontroleerbare faktoren schommelden. Onder druk van de investeringen voor de industrialisatie was het nodig op andere posten te besparen. Dit werd gerealiseerd door het steeds meer aanwerven van dagloners. Deze arbeidskrachten waren immers veel goedkoper; het ging om ongeschoolden, die geen opleiding kregen binnen het bedrijf. De steeds verder doorgevoerde industrialisatie maakte het mogelijk dat in 1858 nog enkel de papiermakers werkten tegen een stukloon.
Wanneer men de lonen vergelijkt met die uit de textielsektor in Vlaanderen merken we, dat zij weinig van elkaar verschillen. Om een gezin aan het bestaansminimum te helpen, diende iedereen zijn steentje bij te dragen. Van een spaaroverschot hoefden de arbeiders nog lang niet te dromen. Gedurende de besproken periode verslechterde hun positie eerder. De betrekkelijke vrijheid en waardering die zij als vakman genoten tijdens het Ancien Regime ging door de industrialisatie geleidelijk verloren. Zij kwamen steeds meer onder de leidende hand van een op en top paternalistisch beleid, dat de klasseverschillen op een handige manier bestendigde. Verzet was gezien de paternalistische houding van de bedrijfsleiding niet denkbaar, in geen enkel archiefdokument troffen we zelfs maar een spoor aan van sociaal verzet. Waar we maar een geringe loonsstijging konden vaststellen gedurende de hele periode, werkte het bedrijf steeds met groeiende winst. Vanwege dit fenomeen werd de kloof tussen werkgever en werknemer als maar groter.

Van 1858 tot 1868

De overschakeling op de kartonproduktie had duidelijk een effekt op de lonen te Herisem. Voor de meeste arbeiders betekende deze stap in de evolutie van het bedrijf een blijvende verhoging van hun loon. De lonen van de papier- en kartonschepper en koetsers zouden in de periode van 1858 tot 1868 meer dan verdubbelen. In 1868 verdienden deze arbeiders gemiddeld 830 fr per jaar, zie ook bijlage F. Buiten deze categorie van arbeiders konden ook de maalder en zijn helper nog rekenen op een loonsverhoging. Slechter was het gesteld met de dagloners. Hun aantal groeide gestadig en tot 1864 zou er voor hen niet de minste loonsverhoging plaats grijpen. Toen in 1864 ook de maalder en zijn gast op een dagloon dienden over te schakelen was er voor hen geen verdere verbetering meer in zicht. In de tabel van bijlage F is overigens geen loon opgenomen van de dagloners te Herisem. Dit bij gebrek aan bronnen. Uit de diverse notities die we konden raadplegen, bleek dat de dagloners zich weinig verbonden voelden met het bedrijf en zeer onregelmatig kwamen werken. Ook stelden we vast, dat er een grote rotatie bestond onder deze groep van arbeiders. De bedrijfsleiding had zelf moeilijkheden om de zaak te volgen: om jaarlijks hun winst te bepalen namen zij gewoon een gemiddelde aan loon, dat voor deze categorie werd doorgerekend. Soms werd er gedurende korte periodes beroep gedaan op extra dagloners om het werk aan te kunnen en dit staat dan apart vermeld. Al bij al ontstaat zo te Herisem een groep werknemers die behoren tot het proletariaat dat door de baas wordt uitgebuit. Hun aanwezigheid was niet noodzakelijk. Wanneer één onder hen ontbrak, kon iemand anders de taak zonder moeilijkheden overnemen; het aanbod van werkwilligen was groot genoeg.

Verdergaande mechanisering

Waar de plaatsing van de eerste machines een (kleine) positieve invloed had op de lonen van de arbeiders, is dit nu niet eenduidig te bepalen voor de stoommachine. Denkelijk zijn het enkel de papiermakers die konden genieten van een loonsverhoging, daar zij nog steeds werkten op basis van een stukloon. De dagloners daarentegen bleven verstoken van verbetering. Ook het vervangen van de schepkuipen door een mekaniek (in 1873) zal wel zijn invloed gehad hebben, maar een gebrek aan loongegevens laat niet toe hierover te oordelen. Wel zien we dat het stukloonstelsel geheel verlaten werd. We zijn de mening toegedaan, dat bij het plaatsen van de mekaniek men ook voor de kartonmakers overstapte op een dagloon. Tot 1889 tasten we in het duister, op twee losse vondsten uit 1874 na. Voor twee arbeiders, die in 1875 ontslagen werden vonden we een overzicht der loonbetalingen voor ongeveer een jaar. Maandelijks werd aan beide een vaste som van respektievelijk 30 en 40 fr betaald. De reden van hun ontslag noch de aard van hun werk werden aangegeven.
Voor de betalingen gedaan in 1889 en begin 1890 aan diverse werklieden bezitten we een zeer gedetailleerd stuk. Voor we cijfers aanhalen eerst nog enkele algemene opmerkingen. Er zijn duidelijk ingrijpende veranderingen geweest tussen 1868 en 1889. We zien dat de lonen uitbetaald worden op regelmatige tijdstippen (om de drie weken). Van het loon werd ongeveer

één percent afgehouden als bijdrage voor een verzekering. Deze twee nieuwigheden zijn te Herisem de eerste gevolgen die wij kunnen vaststellen van het gewijzigd sociaal klimaat in België. Het alles overheersende paternalisme had van zijn macht moeten inboeten - zonder dat de verhouding tussen arbeider en bedrijfsleider echter grondig gewijzigd werd. Hoewel er enkele positieve wijzigingen plaats vonden tussen 1868 en 1889 zijn er ook negatieve invloeden van de steeds voortschrijdende industrialisatie vast te stellen. Iedere arbeider werd vergoed tegen een dagloon. Gedurende de ganse tijd blijft dit dagloon stabiel. De enkele arbeiders, die toch een loonsverhoging genoten, waren uitzonderingen. De daglonen waren gekoppeld aan het werk dat men deed en een loonsverhoging was enkel mogelijk als men een job kon doen die een hogere beroepsvaardigheid vereiste. Het loonpeil van 1889 ligt praktisch niet hoger dan in 1868. Hogere lonen kon men enkel bereiken door het maken van overuren, wat dan ook courant was bij een aantal werknemers. Tussen de diverse arbeiders bestaan er zoals vroeger nog steeds grote verschillen in het loon. De lonen kunnen nog steeds de vergelijking doorstaan met het loon, dat in Vlaanderen uitbetaald werd aan de textielarbeiders. In bijlage G hebben we de lonen samengevat, die uitbetaald werden aan arbeiders te Herisem. We geven daarbij het dagloon naast het jaarloon dat uitbetaald werd, zodat men kan zien in welke mate men overuren maakte. Het wordt nu duidelijk, dat tijdens de periode 1868 tot 1889 weinig verbeterd is voor de arbeiders. Het loon van de kartonmakers behield ongeveer hetzelfde peil. De daglonen zijn wel wat gevarieerder dan in 1868, maar zij liggen nog steeds op hetzelfde niveau.

Om te weten hoeveel overuren men presteerde te Herisem, dienen we eerst te bepalen wat het normale aantal werkdagen was gedurende 51 werkweken. Hoewel er nog geen reglementering bestond op de zondagsrust, menen we dat er op zondag te Herisem niet gewerkt werd. Vooreerst was de diep kristelijke instelling van de bedrijfsleiding hiervoor een aanleiding. Bovendien bestond er sinds de 17e eeuw een verbod om op zon- en feestdagen de waterraderen van papiermolens te laten draaien. Verder weten we dat vroeger reeds voor de dagloners bij het opstellen van de inventarissen het gebruikelijk was om een gemiddelde te nemen van 300 werkdagen per jaar. Dit cijfer menen we hier ook te mogen vooropstellen als normale arbeidsduur. Opmerkelijk is dan wel de prestatie van één arbeider, zie bijlage G. Gedurende het jaar 1889 doet hij dagelijks gemiddeld een halve dag overwerk. Het overwerk van de overige arbeiders blijft voor deze periode nog binnen de perken als we het vergelijken met gegevens uit andere nijverheidssektoren in België. Mogelijk was dit laatste

het gevolg van de paternalistische houding, die de bedrijfsleiding nog steeds kenmerkte.
Na 1890 ontbreekt het ons opnieuw aan gedetailleerde loongegevens. Voor de periode 1893-1905 vonden we in een onkostenboek wel het totaal loonbedrag, dat werd uitgekeerd aan de arbeiders, maar uit dit gegeven konden we weinig konkrete informatie halen. Voor de periode 1894-96 zijn de loonuitbetalingen zeer onregelmatig en verward. Wij menen, dat dit het gevolg is van de ingrijpende veranderingen die toen werden gedaan binnen het bedrijf. Het aksent lag gedurende deze tijd volledig op de aankoop van materialen voor verbouwingen. Dit had voor de arbeiders een erg nadelige invloed. Daar er op dat ogenblik nog geen sprake was van vervangingsinkomens voor tijden van technische werkloosheid hadden de arbeiders tijdens verbouwingen geen zekerheid over hun inkomen.

De 20e eeuw

Het uitbetaalde loonbedrag begint nu gestadig te stijgen. Dit wijst op een nieuwe bloei van de tewerkstelling; mogelijk ook op een loonstijging. Een noemenswaardig feit, dat we konden vaststellen is de overschakeling (in 1902) op een nieuwe uitbetalingsbasis voor de lonen. Waar voorheen drie weken als tijdseenheid gebruikt werd ging men over op veertien dagen. Ieder defekt dat optrad in de technische installatie van het bedrijf had nog steeds dezelfde gevolgen. Wanneer de stoommachine uitviel raakten de arbeiders (tijdelijk) zonder loon. In wezen was er maar weinig veranderd voor de arbeiders. Welke de winst van het bedrijf ook was, een effektieve verbetering van de levensstandaard der werknemende klasse bleef te Herisem uit. De luttele toegevingen waren maar bedoeld om de woelige gemoederen te bedaren.
De laatste gegevens over lonen, die we vonden, behelzen de periode 1922-24, zie bijlage H. Bij de eerste oogopslag merken we, dat er ongelofelijke verschillen bestaan in de uitbetaalde bedragen met de vorige periodes. Het is overigens zinloos om een vergelijking te maken tussen deze periode en de vroegere. De grote verschillen zijn hoofdzakelijk toe te schrijven aan de devaluatie van onze nationale munt, als gevolg van de wereldoorlog. Het is onmiskenbaar, dat ook de sociale druk die er heerste na de oorlog en de angst van de politieke en economische wereld in België hebben bijgedragen tot de loonsverhogingen. Daar we geen vergelijking kunnen maken met andere periodes vergelijken we slechts de cijfers onderling. We merken op, dat er tussen de lonen van mannen en vrouwen nog steeds een grote kloof bestaat. Ook zien we, dat het loonverschil in iedere kategorie erg groot is. Dit kan echter het gevolg zijn van overuren. We konden

namelijk niet achterhalen of de arbeiders al dan niet overuren deden om het bedrag aan loon te verzamelen, dat in de tabel is opgenomen.
Alvorens over te stappen op andere thema's zouden we een algemene konklusie willen vormen. Zoals in alle bedrijven werd te Herisem het loon zo veel als mogelijk naar het bestaansminimum gedrukt. Toen de industrialisatie kwam konden de arbeiders wat extra verdienen, door overuren te maken - waarvoor zij vergoed werden volgens het normale tarief. Het is verder duidelijk dat de sociale wetgeving maar weinig of geen invloed had binnen dit kleine bedrijf. Het paternalisme vierde er hoogtij en iedereen boog onder de druk van de werkgever. Dat men werk had werd beschouwd als een gunst van de werkgever.

Het werkmansboekje?

Werkmansboekjes waren een uitvinding van de patroons in België. Ze bleven tot laat in de 19e eeuw in voege; pas onder druk van de groeiende arbeidersmisnoegdheid en diverse wilde akties werden ze omstreeks 1883 officieel afgeschaft. Door een dergelijk boekje waren de arbeiders met handen en voeten gebonden. Bij het veranderen van werk diende de arbeider zijn boekje voor te leggen aan de nieuwe werkgever. Zonder boekje kon hij geen aanspraak maken op een nieuwe job. Het dokument werd bij het in dienst treden van een arbeider eigendom van de werkgever. Het stond de werkgever vrij in het werkmansboekje de aantekeningen te maken die hij wenste. Daar de werkgevers hiervan dikwijls misbruik maakten was het boekje een gehaat voorwerp in de ogen van de arbeiders.
Hoewel dit dokument algemeen gebruikt werd in de stedelijke nijverheidscentra, troffen we het niet aan te Herisem. Het was waarschijnlijk niet in gebruik omdat de meeste arbeiders hun ganse leven in de fabriek bleven werken. De dagloners, mensen zonder vaste werkplaats, vroeg men er niet om. In de rurale gemeenschappen die onze dorpen toen waren kende iedereen elkaar en was een dergelijk drukkingsmiddel geen noodzaak. Dat er geen boekjes bestonden wordt bevestigd door het kladschrift van een brief die opgesteld werd om mee te geven aan een arbeider, die (om ons onbekende redenen) de streek verliet. Deze brief luidde als volgt:

> Le soussigner Eg. FR. Winderickx fabricant de papier à Alsemberg déclare que Niquet Pierre est entré dans ma fabrique le 27 aout 1860 et s'est toujours comportée en brave et honnête ouvrier. A qu'elle il y travaille encore en foi de quoi je lui ai délivré presente pour s'en servir ou de devis .....

Of in vrije vertaling:

> Ondergetekende Eg. FR. Winderickx papierfabrikant te Alsemberg verklaart, dat Niquet Pierre in zijn dienst getreden is op 27 augustus 1860 en zich steeds een toegewijd arbeider heeft getoond. In welk bedrijf hij nog steeds werkt om reden waarvan ik hem dit bewijs aflever, om er gebruik van te maken of als aanbeveling .....

De brief werd duidelijk opgesteld ter vervanging van een werkmansboekje dat te Herisem niet bestond, maar dat de arbeider nodig had voor zijn toekomstige werkgever. De inhoud wijst erop, dat Niquet de Herisem molen verliet in de beste verstandhouding en niet aan de deur werd gezet. Het zal duidelijk zijn, dat het werkmansboekje ook een positief element kon zijn voor de arbeiders.

Kinderarbeid

Kinderarbeid is in België vrijwel altijd een realiteit geweest. Er bestaat echter een wezenlijk verschil tussen de tewerkstelling van kinderen vóór en tijdens de industriële revolutie. Vroeger ving een jonge knaap aan bij een meester, die hem het vak leerde en na het afleggen van een proef kon hij dan als erkend meester een eigen zaak opzetten. Onder druk van de industriële omwentelingen gingen de gebruiken van het gildewezen verloren en beoogde men met de tewerkstelling van kinderen een gans ander doel. Om een deel van de kosten van de grote investeringen te recupereren en daar het mogelijk was om minder-geschoolde arbeiders aan te trekken door het vereenvoudigen van de taken, werden kinderen steeds meer ingeschakeld in het produktieproces. Zij werden gebruikt als verlengstuk van de machine en dienden ook op het ritme van de machine te arbeiden.

In de papiernijverheid

In de papiernijverheid was het van oudsher een gewoonte om kinderen in te schakelen bij de produktie. Ook in de ambachtelijke bedrijven vond men een aantal taken, die zij zeer goed de baas konden, als het sorteren en snijden van de vodden. In papierbedrijven waren er dan ook steeds veel jeugdige arbeiders. In 1817 werkten er in drie Gentse papierbedrijven op 123 arbeiders 32 kinderen, die jonger waren dan 17 jaar. Het verwerpelijke was niet zozeer dat zij werden tewerkgesteld, maar dat zij voor een diskriminerende vergoeding evenveel werk dienden te presteren als volwassen arbeiders! [13] Bij het bestuderen van het archief van de Herisem molen hadden we geen opmerkelijke gegevens over kinderarbeid aangetroffen. Sporadisch kwamen vermeldingen voor over de tewerkstelling van kinderen. Zo besloten wij tot een nieuwe studie, waarbij alle aandacht uitging naar het opsporen van informatie over de kinderarbeid te Herisem. Naast de kinderarbeid hebben we ook een ander aspekt, namelijk de tewerkstelling van vrouwen, opgenomen in deze analyse.

Te Herisem: ambachtelijke en vroeg-industriële periode

Vooraf enkele overwegingen. Het bleek moeilijk een onderscheid te maken tussen 'kinderen' en andere jonge werknemers. Ook hebben we geen gegevens over de arbeidsduur te Herisem voor de 19e eeuw. Het is daarom irrelevant om vergelijkingen te maken met andere bronnen. Zelfs is het begrip kinderarbeid op zichzelf niet eenduidig af te lijnen. Dienen de leeftijdsgroepen van 15-17-jarigen als kinderen beschouwd te worden? Heden is het volgens onze nationale wetgeving geoorloofd om als 14-jarige te werken in loonverband. Wel zijn er wettelijke bepalingen, die de werktijd en aard van het werk voor jongeren limiteren. We zullen in het verdere verloop de leeftijdsklasse van de arbeiders aangeven om verkeerde interpretaties uit te sluiten.
De eerste vermelding over de tewerkstelling van kinderen treffen we aan in 1763. Op de vijf arbeiders van de fabriek was er toen één kind, wat in de lijn ligt van de eerder aangehaalde cijfers. Het loon bedroeg juist één vierde deel van dit der mannelijke werkkrachten. Hoewel loongradaties binnen een bedrijf normaal zijn, lijkt de verhouding te Herisem diskriminerend. Kinderarbeid kan wel degelijk toen reeds als een kostenbesparing beschouwd worden. Toch is enig relativeren nodig. De gegevens, die voorliggen, dateren uit de periode van vóór de Franse revolutie, toen het industrieel bestel van Europa nog gedomineerd werd door het gildewezen. De knaap was een leerjongen. Heden zijn jonge arbeiders, die onder het stelsel van een leerkontrakt werken er eigenlijk niet beter aan toe. We weten niets over de ouderdom, noch over de arbeidsduur van de knaap.
Nieuwe sporen van kinderarbeid vinden we pas veel later. Het bedrijf is sterk van uitzicht veranderd. Hoewel we nog niet kunnen spreken van een gemechaniseerde eenheid is de produktiekapaciteit verdrievoudigd, wat zijn weerslag had op de tewerkstelling enerzijds en anderzijds op de taakverdeling. Het bedrijfsritme werd op dat ogenblik nog niet bepaald door de machine, al trof men reeds relatief veel dagloners aan onder de werknemers.
Over de arbeiders die aangeworven werden in de periode 1840-43 weten we het volgende. Naast de werklieden aan de kuipen - allen mannen - waren er sinds 1842 vijf dagloners, onder wie vier 'meisjes'. Van die vier werkten er drie tegen een dagelijkse vergoeding van 7 stuivers. De vierde kreeg in 1842 een dagelijkse vergoeding van 4 stuivers en in 1843 van

5 stuivers. Het is vrij duidelijk, dat het hier om een jong kind gaat. De loononderscheiden vormen een duidelijke aanduiding. Tussen de vrouwelijke lonen en dat van de mannelijke dagloner lag een groot verschil: de man verdiende 12 stuivers per dag.
Voor het jonge meisje schatten we, gezien de loonsverhoging die ze in 1843 kreeg, dat ze toen de leeftijd van 11 jaar had bereikt. De loonsverhoging zien wij als gevolg van het overschrijden van een welbepaalde leeftijdsgrens. Omstreeks de leeftijd van 16-18 kreeg men dan nogmaals een loonsverhoging en werd men als volwassen beschouwd binnen het bedrijf. We betwijfelen of dit het enige jonge kind was op de papiermolen. Aan de schepkuip stond namelijk een heffer, een jonge knaap, die leerde voor papierschepper. Gezien het loon, dat hem werd betaald, namelijk 3,5 stuivers, menen we dat dit ook een kind was onder de 16 jaar. Hij maakte enkel kans op een loonsverhoging wanneer hij de papierschepper of koetser aan de kuip waar hij werkte kon opvolgen.
Gemiddeld werkte men te Herisem gedurende 300 dagen per jaar. De duur van de arbeidsdag was variabel en ook het werkritme kon men nog vrij bepalen. Alles was sterk afhankelijk van de vraag naar papier, die er in een bepaalde periode bestond. Iedereen was wel genoodzaakt om evenveel uren te presteren als de papiermakers. Sporen van nachtarbeid hebben we niet aangetroffen. Pas later vinden we vermeldingen in de inventarissen over de kosten van petroleum, die mogelijk voor de verlichting van lokalen bestemd was.
Het aanwerven van kinderen als kostenbesparing was te Herisem blijkbaar nog geen algemene stelregel. Wel was men ertoe overgegaan vrouwelijke dagloonsters aan te werven om de loonkosten binnen het bedrijf te drukken. Voor de periode 1853-57 beschikken we over gedetailleerde loonstaten. Over gans de periode is het loon, dat werd uitbetaald aan de vrouwen, meisjes en jongens (dagloners) 7 stuivers per dag. Ook aan tijdelijke werkkrachten werd een vergoeding toegekend volgens dit tarief. Voor de mannelijke dagloners komt er tijdens deze periode een nieuwigheid. De werktijden tijdens de zomer waren verschillend van die tijdens de wintermaanden. In de zomer werkte men lange, in de winter korte dagen. Hiervoor kreeg men tijdens de zomer een bonus van 1 stuiver per dag. Dit systeem van variabele werktijd was enkel van toepassing voor de mannelijke werkkrachten. Dit wijst erop, dat er bij de bedrijfsleiding enig respekt bestond voor het gezin van de arbeiders; men gaf aan de vrouwen toelating om tijdig naar huis te gaan, zodat zij daar hun huishoudelijke taak konden vervullen. Gedurende de genoemde vijf jaar werd er nooit een kind aangeworven - dit blijkt althans niet uit de loongegevens. Toch zullen er zeker jeugdige

arbeiders onder de arbeidsbevolking geweest zijn. Jonger dan 12 jaar zal niet voorgekomen zijn.
In dezelfde periode is er ook regelmatig sprake van buitenwerk, dat de arbeiders van de fabriek uitvoerden. Opmerkelijk is dat de vergoedingen hiervoor gemiddeld één stuiver hoger lagen, dan het loon dat zij ontvingen voor hun prestaties in de fabriek. Op de boerderij komt het regelmatig voor, dat kinderen van werklieden meehielpen. Het gaat hier om kinderen van 8 tot 12 jaar, die kwamen aardappelen rapen en oogsten.
In 1861 vonden we de volgende vermelding in de jaarinventaris van de kartonproduktie: "aen twee klein 233 dagen à 0,5 Fr". Het begrip kinderarbeid was te Herisem nog niet uitgestorven. We zijn ervan overtuigd, dat het hier gaat om jongeren tussen 10 en 14 jaar.

Te Herisem: industriële periode

We maken een sprong naar 1889, voordat we opnieuw sporen vinden van kinderarbeid. Tot 1867 was de Herisem molen een ambachtelijke onderneming gebleven. De tewerkstelling van kinderen was een feit, van werkelijke mistoestanden kunnen we niet spreken. De landelijke gemeenschap had meer eerbied voor de mens dan de toenmalige industriële centra: de mijnstreken en de Vlaamse textielsteden. Na het in bedrijf nemen van de stoommachine te Herisem veranderde echter het karakter van de fabriek. Om zo vlug mogelijk de grote investering te kunnen recupereren trachtte men toen wezenlijk te besparen op de arbeidskosten. Toch bleef de kinderarbeid hierbij maar een secundair middel. De traditie wilde nu eenmaal, dat de papiernijverheid veelvuldig beroep deed op vrouwen en dan meestal nog jonge ongehuwde meisjes, die geen zorgen hadden met een eigen gezin en kinderen.
In 1889-90, toen er te Herisem 26 tot 30 arbeiders tewerkgesteld waren op de molen, waren onder deze arbeiders maar zeven mannen. De mannen deden overuren met de regelmaat van een klok. Bij de vrouwen vinden we omzeggens niemand, die gedurende gans het jaar overuren deed. De meeste vrouwen werkten zelfs regelmatig minder dan zes dagen per week. Ook vinden we (alleen) bij de vrouwelijke arbeiders periodes van lang verzuim. Werkonderbrekingen van 14 dagen tot drie weken zijn helemaal geen zeldzaamheid.
Om de kinderarbeid op te sporen in deze tijd dienen we een analyse te maken van de groep vrouwelijke werkneemsters. Meerdere jonge meisjes moeten zich onder de vrouwen bevonden hebben, wat duidelijk blijkt uit de lonen. Volwassen vrouwen verdienden 1 fr of meer per dag. De overigen verdienden een loon dat schommelde tussen 0,75 en 0,45 fr. We menen,

dat deze groep een leeftijd had tussen 18 en 11 jaar. Kinderarbeid bestond zeker nog te Herisem en de groep kinderen was een belangrijk deel van de arbeidsbevolking, namelijk circa 33%.

De 20e eeuw

Omstreeks de eeuwwisseling werd met de eerste sociale wetten een intoming van het misbruik van vrouwen en kinderen in de industriële sektor nagestreefd. Het was een eerste beknotting van de tot op dat ogenblik onbeperkte vrijheid der werkgevers. In vele bedrijven bleven echter misbruiken bestaan, daar de kontrole op de naleving van de wetten te beperkt was. De werkgever trachtte zich te beschermen door zo weinig mogelijk gegevens over de toestand in zijn bedrijf prijs te geven. In kleinere bedrijven en sektoren lukte dit, omdat er voor de gedupeerde arbeid(st)ers geen verzet mogelijk was zoals in de industriepolen.
Te Herisem heeft men ook getracht om de tewerkstelling van jeugdige werknemers zo veel mogelijk anoniem te houden. Om in regel te zijn met de arbeidsongevallenverzekering, moest men regelmatig een overzicht van de tewerkstelling en de verdiende lonen doorgeven aan de verzekeraar. Voor jongeren onder de zestien jaar moest dit gebeuren op naam. In een schrijven van 1907 aan de verzekeringsmaatschappij tracht men dit als volgt op te vangen:

> Parmi mes jeunes ouvriers j'en ai de 13 à 15 ans, qui travaillent chez moi dont l'un est 2 ans chez moi, alors j'en ai qui sont un ans chez moi, j'ai 4 apprentis, il ne m'est pas possible d'indiquer le nom et l'age de chaqun des apprentis [14].

Hoewel deze ingreep het eerste jaar lukte kon men zich op dergelijke wijze niet meer uit de slag trekken in de toekomst. Voor het jaar 1907 werd een gedetailleerde lijst van de jonge werknemers opgezonden. Eind 1907 werkten er 13 mensen onder de 16 jaar in de fabriek. Zoals in 1889 is dit ongeveer een derde van de totale arbeidsbevolking. De opgegeven werknemers, meisjes en jongens, werden aangeworven tussen 1905 en 1907. De leeftijd bij het in dienst treden schommelde tussen 12 en 14 jaar. De meerderheid was pas 12 jaar toen ze begonnen. Meestal waren de meisjes iets ouder, voordat ze aan de slag gingen; een algemene stelregel kunnen we dit echter niet noemen. Van de dertien kwamen nog slechts zeven arbeiders voor in de aangifte van het volgende jaar. Hierin vinden we nog eens een bevestiging van het feit, dat de rotatie onder de jonge arbeidsbevolking erg groot was.
Jongeren waren steeds een groot deel van de arbeidersbevolking in de papierfabriek te Herisem. Als gevolg van de verdergaande industrialisatie

was hun procentuele aanwezigheid tegenover vroeger gestegen. Wel was het zo, dat men te Herisem geen kinderen onder de 12 jaar tewerkstelde, hoewel dit wettelijk niet verboden was. De reden hiervoor zal wel de beperking van de arbeidsduur geweest zijn, die men moest opleggen aan jongeren onder de twaalf jaar. De jongeren te Herisem presteerden arbeidsdagen van 11,5 uur - net als de overige arbeiders.
Van een zegspersoon, die als knaap van 12 jaar in de fabriek werkte, kwamen we de volgende feiten te weten over de arbeid, die hij er verrichtte. Zijn taak bestond er hoofdzakelijk in de werklieden aan de wrijfkuipen en de mekanieken te helpen. Op dergelijke wijze leerde hij stilaan de technieken om karton te maken. Jongeren werden zo opgeleid om later hun leermeester te vervangen wanneer deze zijn werk verliet. Een belangrijke taak voor de jongeren was het reinigen van de diverse vergaarbakken wanneer men omschakelde op een nieuwe kleur karton. Dit vuil en gevaarlijk werk was voor hen bestemd, omdat zij zich beter konden bewegen in de nauwe ruimtes. Dit laatste kunnen we bestempelen als een misbruik dat van de kinderen werd gemaakt, zoals schoorsteenvegers dat deden. Toch mogen we aannemen, dat de kinderen in de papiermolen van Herisem niet uitgebuit werden, zoals dit in de grote industriële sektoren het geval was: hard werken voor een karig loon was te Herisem de heersende slogan.

Werkomstandigheden en arbeidsongevallenverzekering

Wanneer we door de fabriek kuieren wordt het ons duidelijk, dat het alles behalve veilig werken was in de Herisem molen. Zelden of nooit vinden we aan de diverse machines een afscherming van de aandrijving. Doorheen gans het bedrijf lopen er allerhande aandrijvingen.
Pas in 1903, toen men in de Belgische sociale wetgeving een reglementering over de arbeidsongevallenverzekering opnam werd bescherming geboden aan de arbeiders. De benarde werkomstandigheden hadden arbeiders van verschillende sektoren gedreven tot een onderlinge solidariteit. Door de oprichting van vrijwillige mutualiteiten, die zij spijsden met bijdragen uit de eigen inkomsten, poogden zij het leed van ongelukkigen onder hen te verzachten.
Te Herisem heeft een dergelijk initiatief blijkbaar nooit bestaan. Op het einde van de 19e eeuw werd door de bedrijfsleiding wel het lovenswaardig initiatief genomen om een verzekering aan te gaan, die de arbeiders een vergoeding uitbetaalde indien zij door een arbeidsongeval getroffen werden. Hoewel het initiatief uitging van de bedrijfsleiding, waren het de arbeiders zelf, die door een inhouding op hun loon de verzekering betaalden. Of

de patroon zelf ook een bijdrage deed in de kosten, konden we niet ontdekken. De verbintenis die werd aangegaan, bestond er in dat de verzekeringsmaatschappij bij een werkongeval de arbeider tijdens de duur van de gedwongen afwezigheid de helft van zijn loon uitbetaalde.
Dat een dergelijke verzekering geen luxe maar bittere noodzaak was, konden we opmaken uit een aantal dokumenten. In de periode 1896-1915 vonden we niet minder dan 10 personen, die getroffen werden door een arbeidsongeval. We zijn er niet zeker van, dat we hiermee alle ongevallen hebben achterhaald, want niet steeds waren er de nodige dokumenten voorhanden. Van vele ongevallen is evenmin de afloop te bepalen, maar in 1908 was er een ongeval met dodelijke afloop.
Het kwam dikwijls tot een betwisting tussen de verzekeringsmaatschappij en de bedrijfsleiding. Uit de diverse briefwisselingen die gevoerd werden voor bepaalde ongevallen, is duidelijk gebleken, dat de patroon zich erg inzette om een zo gunstig mogelijke oplossing te bekomen voor zijn arbeiders. Een bepaald schadegeval heeft zo meer dan een jaar aangesleept. De uiteindelijke oplossing kennen we niet. Ook werd er getracht om de uitgekeerde vergoedingen op te drijven en uit te breiden tot de medische kosten. Dit laatste was zuiver een initiatief van de bedrijfsleiding.

Werktijden

De informatie over werktijden is erg bescheiden. Slechts bij twee gelegenheden vonden we een konkrete aanduiding van de arbeidsduur. Bij de gegevens voor de arbeidsongevallenverzekering in 1906-07 wordt door de patroon opgegeven, dat de arbeiders 11,5 uur per dag werkten. In het werkreglement dat in de fabriek hing sinds 1921 wordt als arbeidsduur aangegeven 8,5 uur per dag, zie bijlage I. Aan het naleven van deze bepalingen door de beheerders hebben we twijfels. Volgens zegspersonen werkte men langer dan deze aangegeven tijden. In 1916 werkte men van 5:45 tot 18:45 uur, met drie rustperiodes van gezamenlijk één uur. In totaal maakt dit 12 werkuren per dag. Ook in 1921 werd er meer gewerkt dan in het reglement stond omschreven. Om 8,5 uur per dag te werken moesten de arbeiders gedurende 10,5 uur in het bedrijf aanwezig zijn. De twee uur diende men te gebruiken als rustperiodes. De pauzes van een half uur tijdens de voor- en namiddag werden echter niet gerespekteerd, daar de machines bleven doordraaien. Naast het niet respekteren van de aangegeven arbeidsduur was er verder ook nog het niet naleven van de wettelijke beperkingen aangaande arbeidsduur, vastgelegd in een K.B. van 31 maart 1903 voor de papierindustrie. Het waren voornamelijk jongere

arbeiders en vrouwen, die het slachtoffer werden. Deze beschermde groepen moesten evenveel uren presteren als de volwassen mannen, hoewel dit wettelijk verboden was. Over de arbeidsduur tijdens de 19e eeuw hebben we niet het minste idee. Tot aan de eerste mechanisaties zal het begrip arbeidsdag erg variabel geweest zijn. Men werkte tegen een stukloon en niet de tijd die men werkte, maar de afgeleverde produktie was van belang. Pas toen er een groot aantal dagloners te Herisem waren zien we de eerste noties over arbeidsduur ontstaan. In 1853 lanceerde men het begrip korte en lange dagen, zoals reeds besproken. Deze begrippen wijzen erop, dat er een bepaalde tijd was, die men in de fabriek moest doorbrengen, om zijn dagloon te kunnen opstrijken. Het stelsel van lange en korte dagen hield verband met de natuurlijke verlichting. Enkel tijdens de zomermaanden presteerde men lange dagen.
Aan het einde van de 19e eeuw was de arbeidsdag voor iedereen de basis van de loonberekening. Toch weten we niet hoe lang een werkdag was, daar er in de uitbetalingslijsten enkel sprake is van dagen, halve dagen en een vierde van een dag. Toch moest er een duidelijke notie zijn hoelang deze dag duurde, immers anders was het onmogelijk andere referentie te maken. We menen te kunnen aannemen, dat de arbeidsduur toen vergelijkbaar is met deze van 1906 of zelfs nog hoger lag.
Ook de reglementeringen inzake nachtarbeid zijn van belang voor het bedrijf. Hoe deze regels gerespekteerd werden weten we niet. Hoewel uit loon- en andere gegevens niet bleek, dat er nachtarbeid gebeurde, weten we van een verzekeringspolis, dat dat wel het geval was. Te Virginal waren twee arbeiders toegelaten 's nachts in de fabriek, om de bewaking te verzekeren en de stoomketel onder druk te houden. Ook te Herisem heeft dit gebruik een tijdlang bestaan, naar een zegspersoon ons bevestigde. Overigens namen de bedrijfsleiders daar zelf een deel van deze taak voor hun rekening.
Over de invoering van de zesdaagse werkweek en het respekteren van deze wet uit 1905 hebben we evenmin informatie gevonden in de dokumenten. Uit dokumenten uit het Ancien Regime weten we dat het aan de molenaars door kerkelijke verordeningen verboden was om op zon- en feestdagen de waterraderen te laten draaien. Hoewel sommigen hierop een uitzondering konden bekomen en er overtredingen gebeurden, menen we dat deze regel te Herisem tamelijk strikt werd gevolgd. Of onder druk van de mechanisatie hierin wijziging gekomen is, hebben we trachten te achterhalen. Volgens inventarisgegevens bleek, dat men voor 1867 (plaatsing van de eerste stoommachine) gemiddeld 300 dagen per jaar werkte. Hieruit mogen we veronderstellen, dat de zondag een rustdag was, hoewel deze

niet officieel erkend werd. Later, in 1889, werkten de meeste arbeiders uit het bedrijf gemiddeld hetzelfde aantal dagen. Zo kunnen we aannemen, dat de zondag steeds een vrije dag is geweest voor de arbeiders van de Herisem molen. Dit laatste past in de katholieke en paternalistische instelling van de beheerders.

Conclusie

Sociale geschillen tijdens de 19e eeuw hebben we niet kunnen achterhalen. Omstreeks 1910, toen de macht van de arbeider binnen het bedrijf steeds toenam en er uitgekeken werd naar nieuwe strukturen, zien we dat ook te Herisem de arbeiders zich begonnen te roeren. Tweemaal heeft een arbeider het gewaagd de baas voor het vredegerecht te dagen om een loon te ontvangen, waarop hij naar zijn zeggen recht had, nadat hij het bedrijf verlaten had. Vanwege de patroon werd aan de konvokatie weinig aandacht geschonken; beide malen bleef het bij een brief, die werd gericht aan het vredegerecht, waarin men stelde dat het onnodig was om op de zaak in te gaan en men het geheel als afgesloten beschouwde. Daar wij geen verdere reakties meer vonden, denken we dat de zaken beslecht werden ten voordele van de werkgever. Dit toont aan hoe groot zijn macht nog was.

Uit heel de evolutie van de sociale strukturen te Herisem kunnen we het volgende besluiten. We hebben hier een bedrijf, dat nooit verder gekomen is dan een paternalistische houding, die de arbeidsverhouding beheerste. Waar dit soms voordelen bood van bescherming en men vóór was op de heersende sociale wettelijke bepalingen, liep men op andere terreinen van de sociale wetgeving hopeloos achter. Het paternalistisch beheer was zo uitgewerkt, dat het eindresultaat steeds ten gunste van de werkgever kwam. Zolang men in de denkrichting van het beheer bleef genoot men de patronale bescherming. Breken met het beheersgezag betekende tevens het verlies van een aantal zekerheden voor de arbeider. Vanwege deze instelling was het evident dat de meeste arbeiders niet dachten aan een vorm van verzet tegen de werkgever. Zij die zich toch zouden verzetten werden eenvoudig verwijderd. Dit was mogelijk, omdat het bedrijf steeds een beperkte bezetting behield en grotendeels beroep deed op jongeren en vrouwen, toen nog onmondig in onze maatschappij. Deze onverzettelijke houding van de patroons op sociaal gebied en de wijze van bedrijfsbeheer draagt de kiemen van de latere ondergang van het bedrijf.

Kartonfabriek Fr. X. Winderickx
Alsemberg 1902

1. August Winderickx
2. Pierre Lamiral
3. ..... De Nayer
4. Tist
5. Eugeen Winderickx
6. Ré (van Bene)
7. Liza (van Bene)
8. Bene Swalus (Bene coucher)
9. Jean Baptist Hannaert

1. Jean Baptist De Winkeleer
2. Guilaume .....
3. Wis Mint (Hannaert)
4. Jozef (broer van Tist)
5. Trinne Van Den Bosch
6. Gille Kets
7. Nette Rakke (Libert)
8. Pauline De Greef
9. Trinne (moeder Dams)
10. Rozalie (van Bene)
11. Staaf Dams
12. Jeanette Dams

APPENDICES

I De graanmolen van Herisem
II De Herisem hoeve

APPENDIX I

De graanmolen van Herisem

Van de meeste wind- en watermolens is de historiek tamelijk goed gekend. In de archieven valt menig spoor te vinden. Ook hun inplanting in het landschap liet vrijwel onuitwisbare sporen na. Voor de dorpsbewoners waren zij steeds een bewonderenswaardig en boeiend bouwsel. De graanwatermolen, die **hier** aan bod komt is echter steeds ontsnapt aan dit alles, daar hij bij zijn oprichting werd gekombineerd met een papierwatermolen, waarvan men er menige aantreft op de loop van de Molenbeek. De papierfabriek, in samenhang met een landbouwbedrijf, was de blikvanger. Slechts gegevens van dit industriële complex werden in de archieven opgetekend. Toch is er ook informatie te vinden over de graanmolen.

De stichtingsdatum

De bronnen waarop we steunen om de geschiedenis van deze graanmolen te beschrijven zijn een aantal notities, die door de vroegere uitbater werden bijgehouden en tot op heden niet werden vrijgegeven. Over een oprichtingsakte van de molen beschikken we niet - naar onze mening werd er nooit een officiële aanvraag gericht tot de overheid. De graanmolen werd immers opgericht in een papierwatermolen, waarvoor reeds een bouwtoelating bestond (sinds 1551). Daar er geen nieuwe molen werd gebouwd hoefde men ook geen toestemming te vragen. Daar de eerste sporen van de graanmolen, die we aantroffen, uit 1847 dateren, dienen we de oprichting tussen deze beide data te situeren.
Uit de verschillende verkoopaktes van de Herisem molen vóór 1763 blijkt duidelijk, dat het enkel gaat om een papiermolen. Daar sinds 1763 de molen eigendom bleef van dezelfde familie kunnen we ons niet meer beroepen op verkoopaktes om de oprichting van de graanmolen te achterhalen. Sinds 1763, toen de molen eigendom werd van Gillis Winderickx en Joanna-Catharina Van Den Bosch was het een gekombineerd bedrijf van papier en landbouw. En dit heeft zijn belang, daar deze samenhang reeds een intrinsieke verklaring vormt, waarom men de kombinatie tussen papier- en graanmolen verwezenlijkte.
Belangrijk is een brief van de heer Winderickx aan de provinciale overheid uit 1838. Ziehier de kern van zijn schrijven:

> Winderickx papier fabrikant woonende te Alsemberg vroeg om de beek genaemt de Molenbeek vanaen zijnen molen van Alsemberg tot aen den

molen van Dworp waer hij ook eigenaar is den eersten molen te vernietigen om aen den tweeden den waterval te brengen, deze maekt de scheyding van de gemeyntes Alsemberg en Dworp.

De tweede molen is zonder enige twijfel de papiermolen opgericht bij akte van 1551. De andere molen die gelegen was stroomopwaarts onder Alsemberg is nooit vernoemd geweest in een dokument. Volgens Theys zou deze molen in de volksmond gekend geweest zijn onder de benaming van 'Stalleken van Betlehem'. Buiten deze melding kon de huidige eigenaar van de Herisem molen ons nog zeggen, dat er waar de Elsemheidelaan de Molenbeek kruist vroeger een molen stond. Deze aanwijzing werd hem gegeven door zijn voorouders en hij noemde het een 'bautmolen'. Op grond van deze twee verklaringen menen we deze molen te mogen vereenzelvigen met degene die werd afgebroken bij het afleiden van de Molenbeek in 1838. Op plans uit het einde van de 18e eeuw hebben we de inplanting van deze molen echter niet kunnen terugvinden.

Zo kunnen we de oprichting van de graanmolen in de papierfabriek van Herisem dan bepalen tussen 1838 en 1847. De bautmolen (synoniem van graanmolen) werd dus door de werken aan de beek getransfereerd naar de papierfabriek. Alles wijst erop, dat de molen die werd vernietigd geen grote onderneming was, waardoor het misschien te verklaren is, dat hij nooit in een archiefstuk is voorgekomen. Voor Winderickx had deze molen wel belang, daar hij de opbrengst van zijn eigen oogsten er kon verwerken zonder geld hoeven uit te geven. Dit in acht nemende was een inkorporatie van de graanmolen in de papierfabriek een logisch feit.

Het is begrijpelijk, dat al de werken aan de Molenbeek niet in een handomdraai verwezenlijkt werden. Het aanleggen van een kunstmatige beek over ongeveer 300 meter, de ombouw van het waterrad der papierfabriek en de interne drijfkracht van de molen was een planning op termijn. Hoewel het mogelijk is dat reeds in 1838 de graanmolen bestond te Herisem, willen wij deze datum enkele jaren later stellen en de oprichting situeren in 1842. In dat jaar deed Winderickx immers een aanvraag bij de provincie om een tweede waterrad te mogen plaatsen aan zijn molen. Daar de papiermolen en de graanmolen twee afzonderlijke aktiviteiten waren, was het moeilijk om beide op een zelfde krachtbron aan te sluiten. De kombinatie van beide bedrijven - papier en graan - in een zelfde gebouw is een uniek feit, dat slechts kon worden verwezenlijkt in een zeer specifiek industrieel klimaat.

De uitbating

Toen de molen in 1842 bedrijfsklaar was, werd hij waarschijnlijk nog niet kommercieel uitgebaat, maar was de aktiviteit beperkt tot het malen van de eigen oogst en deze van de arbeiders uit de papierfabriek. Dit laatste konden we niet achterhalen, maar het lag in de gewoonte van de eigenaars om de arbeiders te vergoeden in natura voor bepaalde prestaties en dit was een uitstekende gelegenheid om dit te verwezenlijken. Het malen tegen vergoeding voor derden startte pas in 1847, toen ook de graantremel geijkt werd. Op grond van een studie van de overblijfselen der graanmolen mogen we aannemen, dat oorspronkelijk gemalen werd met één paar stenen. Later, toen men betere kwaliteit bloem wenste te bekomen, heeft men een tweede paar stenen bijgeplaatst. Dat men met één paar van start ging bewijst te meer dat het niet in de bedoeling lag om het graanmalen economisch te exploiteren.

Zoals gezegd, pas enkele jaren nadat men van start was gegaan met het malen voor eigen gebruik werd de molen ook opengesteld voor derden. De rekeningen die wij terugvonden blijken terug te gaan tot 1847. Wij hebben daarover wel geen detailgegevens, maar de kosten werden overgedragen op rekenstaten van latere jaren. Uit de periode van 1847 tot 1854 zijn ons een vijftien namen bekend van personen, die hun graan lieten malen te Herisem. Onder deze waren een drietal belangrijke, namelijk: Jan Wijns, Jan Paesmans en de Heer van Stalle. Deze laatste was een afstammeling van een adellijke familie, die in onze gewesten heel wat gronden bezat. Uit de rekeningen blijkt, dat de aktiviteit pas goed van de grond kwam in 1850. Dit heeft ons inziens een dubbele verklaring. Van 1847 tot 1850 was er sprake van een krisis, die gepaard ging met misoogsten. Het is begrijpelijk, dat er minder graan beschikbaar was om te malen. Daarbij denken we, dat het bedrijf ook een aanloopperiode nodig had om bekend te raken in de omgeving.

Dat de graanmolen opengesteld werd voor buitenstaanders heeft hoogst waarschijnlijk zijn oorzaak in de krisis. De bedrijfsaktiviteit van de papiermolen was op korte termijn geslonken tot een derde van de normale produktie. Door het malen van graan kon men het verlies enigermate goed maken. Waar er mogelijk gestart werd met één paar stenen, zal men vlug overgeschakeld zijn op een verdubbeling van de produktiekapaciteit. Uit een dokument van 1854, zie bijlage A, blijkt, dat toen de graanmolen twee paar molenstenen bevatte en een bautmolen.

De produktie

Granen werden in de peride 1847-54 gemalen tegen een vaste vergoeding van vier stuivers per 'zitter' [15]. Voor het malen van tarwe was er een toeslag van 1 stuiver per zitter. Slechts éénmaal vinden we op deze prijs een afwijking. Zij die wensten, dat het gemalen goed gebaut werd, moesten hiervoor een supplement van 1 stuiver per zitter betalen. Dit laatste werd slechts sporadisch aangevraagd. De flarden rekeningen, die wij ter beschikking hadden voor deze studie zijn ver van volledig. Daarom is het onmogelijk om een produktiestatistiek op te stellen. Wij betwijfelen of de graanmolen op zichzelf voldoende rendeerde om een gezin te onderhouden. Het was enkel door het gekombineerd karakter van het bedrijf, dat de molen in stand gehouden kon worden. We stellen, dat het malen van graan meer een dienst was aan de klanten, die op de hoeve ook granen kochten, dan werkelijk een afzonderlijke bedrijvigheid, die uitgebaat werd zoals de overige graanmolens in ons land.

Buiten gebruik stelling

Na 1854 beschikken wij over praktisch geen enkele aanwijzing over het lot van de graanmolen. De verzekeringsakte, opgesteld in dat jaar, maakt er duidelijk melding van - maar er is ons geen rekening bekend. De laatste officiële melding van de graanmolen vinden we in een verzekeringspolis van 1898. Er wordt dan vermeld, dat de papiermolen ook nog twee paar molenstenen bevatte om graan te malen voor de dieren en voor persoonlijk gebruik van verzekerde.

Het is duidelijk, dat de molen even plotseling uit de aktualiteit verdween als hij ontstaan was. Wanneer men het graan malen heeft opgegeven is een open vraag. Wij stellen dit moment omstreeks 1858. Op dat ogenblik werd te Herisem een voorname stap gezet naar een industriële aanpak van het papier-kartonbedrijf. Daar het gekombineerd bedrijf met de graanmolen steeds konflikten moest veroorzaken, zal toen wel de weinig rendabele graanmolen opgegeven zijn. De uitbating van de graanmolen was immers maar een supplementaire opbrengst - die graag meegenomen werd in een krisistijd. Later bezorgde de graanmolen eigenlijk meer last dan nut.

De konservatieve geest, die de familie Winderickx steeds heeft gekenmerkt, zorgde er echter voor dat de molenstenen nooit ontmanteld werden; ze bleven tot op heden bewaard. Hoewel men in 1898 sprak over een uitbating voor eigen gebruik, stelde dat niet veel voor. Tijdens de eerste decennia van de 20e eeuw werden graan en bloem voor huishoudelijk gebruik aangekocht, in een nabij gelegen watermolen te Tenbroek. De Herisem graanmolen heeft voor het laatst gedraaid tijdens de tweede wereldoorlog. Omdat de installaties door de bezetter niet gekend waren, was er geen kontrole op de produktie.

APPENDIX II

De Herisem hoeve

Een hoeve komt, evenals molens en bossen, vrij veel aan bod in dorpsmonografieën. Dikwijls betreft het vrij precies omschreven domeinen, als deel van een goed, toebehorende aan een klooster, een edelman of een kerk. Voor de studie van de evolutie van architektorale koncepten zijn hoeven ook een belangrijke informatiebron. Waar religieuse gebouwen enkel om hun pracht werden opgetrokken, had het gebouwencomplex van een hoeve veeleer een funktioneel karakter. De werking van een hoeve en zijn opbrengstenpatroon worden evenwel veel minder vaak besproken.

Historiek

De Herisem hoeve is een bedrijf, dat voor het eerst vermeld wordt in een dokument van 1763, als zijnde het eigendom van Gillis Winderickx. De hoeve met woning en papiermolen en de bewerkte gronden besloegen een oppervlakte van 5,5 bunder. Het overgrote deel van deze gronden was gelegen in de onmiddellijke omgeving van het bedrijf. We stippen aan, dat de hier vernoemde hof niet te vereenzelvigen is met de gelijknamige hoeve, die reeds bestond begin 14e eeuw. Er is enkel een overdracht van naam gebeurd tussen de twee bedrijven. Oudere gegevens over de hof hebben we niet kunnen vinden. De oprichtingsakte van de molen, waarmee de hoeve gezamenlijk werd uitgebaat, leert ons ook niets.
Zoals gebruikelijk tijdens de voorbije eeuwen, was de hoeve een kombinatie van kultuurgronden met veeteelt. Omstreeks 1763 had men een veestapel, die schommelde om en bij de zes volwassen melkkoeien. Vóór 1802 was de hoeve een lemen woning. In dat jaar werd deze vervangen door het gebouw, dat nog heden het woonhuis is. Het linker deel van de woning was vroeger een stal met daarboven een hooizolder. Door de industrialisatie van de kartonfabriek werd de stal echter gesplitst van het woonhuis en gebruikte men de vrijgekomen ruimte voor een bureel.

De uitbating

Een chronologische kosten en baten analyse kunnen we (spijts vele inspanningen) niet opstellen, daar te veel gegevens niet werden genoteerd. Slechts over de tweede helft van de 19e eeuw hebben we betrouwbare bronnen. Deze periode was blijkbaar een voorname in de geschiedenis van de hoeve. In 1850 werd de schuur in gebruik genomen; omstreeks dezelfde tijd had men in de fabriek ook de graanmolen. Buiten de hoeve en de schuur was er nog een stal met hooizolder, die afzonderlijk stond van de overige gebouwen. Hoewel de landbouw nog maar pas een hevige krisis achter de rug had, welke de ganse economie beïnvloedde, werden deze toch vrij grote investeringen gerealiseerd. Welk de impuls was van deze beslissingen kunnen we zelfs niet benaderd achterhalen.

De uitbatingsrekening van een hoeve uit deze tijd is een vrij komplex geheel door de diversiteit aan produkten, die bestond en de vrij ingewikkelde arbeidsrelaties. Een hoeve was een bedrijf met een seizoen-gebonden arbeidsaanbod. Zaaien en oogsten moesten gebeuren in de kortst mogelijke tijdsspanne en daarom werd voor dergelijk werk beroep gedaan op tijdelijke arbeidskrachten. Op vele plaatsen had men landarbeiders, die rondtrokken van hoeve tot hoeve om bij het oogsten te helpen. In Vlaanderen kende men seizoenarbeiders, die zelfs naar het noorden van Frankrijk trokken om in de oogst te werken. Op de boerderij bij Winderickx had men een eigen aanpak van dit probleem. In de papiermolen had men een vrij groot arbeidspotentieel. Daar er een overkapaciteit was vormde het geen probleem om een aantal arbeiders een tijdlang aan de papiermolen te onttrekken en in te schakelen bij de taken op het veld.

Hoewel men zo een ideale benadering gevonden had om de seizoenpieken in de arbeid te omvatten, kon men het werk niet altijd aan. In zo'n geval werden vrouwen en kinderen, naaste familie van de werklieden uit de papiermolen, mee opgenomen. In onze sociale kontekst is dit niet meer te verantwoorden, doch binnen de maatschappij van toen - waar de hoeve een centrale en levens-vitale funktie had - was dit normaal. Iedereen werd (naar het werk dat hij presteerde) vergoed volgens het toentertijd van kracht zijnde loontarief voor dagloners. Voor de arbeiders van de papiermolen werd het landwerk aantrekkelijk gemaakt door een extra vergoeding voor hun inzet bij het oogsten.

Niet al het werk werd verricht door losse werkkrachten. Voor welbepaalde karweien deed men een beroep op mensen met vakkennis. Deze werden vergoed voor hun prestaties tegen een vrij hoog stukloon. Ook deze personen waren nauw betrokken bij het leven op en om het ganse bedrijf. Verder was een aantal mensen uit de onmiddellijke omgeving nauw betrokken bij huishoudelijke werken, melken, boteren en kaas maken.

Er bleef maar weinig werk over voor de uitbater zelf, maar dit was gewenst. Hij verdeelde zijn tijd tussen de boerderij en de papiermolen. Door de stijgende produktie werd zijn taak steeds meer het administratief beheer van beide bedrijven. Toch bleef hij zich steeds aktief inzetten en was hij steeds de persoon, die het land ploegde. De totale konstellatie van arbeidsrelaties zorgde voor een gemeenschap, die sociaal zeer sterk verbonden was. De zekerheid die uitging van het deel uitmaken van de groep was anderzijds een sterke beknotting van de vrijheid: men was gebonden aan de goodwill van de bedrijfsleiding, die paternalistisch ingesteld bleef tot in de 20e eeuw.

Inkomsten

Nu we een inzicht hebben in de arbeidsstrukturen van de hoeve - een voorname kostenpost - kunnen we ook eens de opbrengstensamenstelling bezien. De hoeve was een uitbating in eigen beheer, die er niet op gericht was een aanvullende inkomstenpost te vormen, maar die een rendabele eenheid op zichzelf moest zijn. In deze optiek moeten we ook de exploitatie van de graanmolen situeren: door het in eigen beheer nemen van deze aktiviteit kon men eindprodukten aan de konsument brengen, zonder de interventie van tussenpersonen. Deze taktiek had tot doel de winstmarge te maximaliseren. Het moet echter vrij snel duidelijk geworden zijn, dat een te ver doorgedreven kombinatie van aktiviteiten niet aanvaard werd door de konsumenten, zodat deze aktiviteit al gauw in de vergeethoek raakte.
De opbrengsten zijn voornamelijk terug te brengen tot drie grote posten: de direkte verkoop aan de konsument, de verkoop aan tussenpersonen en de verkopen binnen de eigen sektor. Dikwijls was het een spekuleren; wanneer verkopen en aan wie? De prijs van landbouwprodukten was vrij sterk gebonden aan de wet van vraag en aanbod en het schaarsteverschijnsel. De konsumenten die rechtstreeks hun produkten van de hoeve hadden zijn de volgende. De werklieden en omwonenden van de hoeve, die zich kwamen bevoorraden en ook beroep deden op sommige diensten. Daarnaast had men de kopers op de openbare markten (de plaats bij uitstek waar verkoper en konsument elkaar konden treffen). De derde groep van afnemers was erg specifiek voor het bedrijf in kwestie. Een vrij groot pakket van goederen werd geleverd aan de handelsrelaties die men had via de papiermolen en die voornamelijk in stedelijke agglomeraties gevestigd waren. Het gros van de rechtstreekse verkopen gebeurde op de markt. Winkels waren nog niet operationeel en de distributie was nog niet gestruktureerd zoals nu. In stedelijke agglomeraties als Halle en Brussel werden de konsumptiegoederen aangebracht door de producent zelf, die ook instond voor de verkoop. Brussel werd het meest aangedaan, hoewel Halle veel dichterbij was. Hierbij is het eens te meer de papierfabriek, die een rol speelde. De produkten van de papiermolen werden met eigen transport naar Brussel gebracht, omdat Halle weinig belangrijk was als afzetmarkt. Van het bestaande trans-

port werd gebruik gemaakt om te zelfder tijd de produkten van de hoeve op de Brusselse markt te brengen. Uitzondering op de regel vormden twee produkten: boter werd steeds verkocht te Halle; en met kaas (waarschijnlijk 'platte kaas') trok men naar Drogenbos, heden nog gekend voor dit produkt samen met de buurgemeente Beersel. Van de markt werden dan produkten retour gevoerd, die vreemd zijn aan een agrarisch milieu:

> Philip Swalens met zes hondert dertig abricosen [....] Brussel aen zeven stuyvers het hondert 't huys gebragt vier francs vijf centiemen. Voor staen vijf centiemen, voor een druppel vijf centiemen voor eenen alven dag agt stuyvers.

Nadat te Herisem het malen van graan werd opgegeven werd het gros van de granen aan een molen verkocht. Slechts kleine kwantiteiten werden rechtstreeks aan de arbeiders verkocht. Een deel van de granen werd gestokeerd om dan aan de man te worden gebracht als zaaigoed. Hiervoor kon een fikse prijs worden gekregen en Winderickx was, naar blijkt uit de rekeningen, erg gekend voor zaaigranen.
Het vee van de hoeve werd meestal verkocht aan andere landbouwers. Varkens (die erg veel gefokt werden) werden wel gekocht door partikulieren. Het was een algemeen verschijnsel, dat gezinnen zelf een varken hadden om vet te mesten. Volgens de gegevens, die we konden raadplegen, werd de veeteelt tussen 1856 en 1867 steeds belangrijker. Steeds meer dieren werden verkocht, zonder dat zij vervangen werden door aangekochte dieren.

Prijzen

De prijs van de goederen was een gevolg van vraag en aanbod. Van jaar tot jaar zijn er schommelingen voor produkten als tarwe en aardappelen. Al naar gelang de opbrengst varieren de prijzen van deze goederen tussen een maximum en minimum plafond. Het was voor de uitbater niet mogelijk om deze prijsstruktuur te doorbreken - behalve voor de verkopen aan het werkvolk, waar soms een vrij hoge toeslag werd gehanteerd op de normale marktprijs. Het is niet mogelijk om de prijs van goederen te vergelijken met de huidige prijzen. Boter was een luxe produkt, dat normaal niet in het bereik was van een normaal gezinsbudget. Vlees daarentegen was vrij goedkoop en kon gekocht worden door de arbeiders. We mogen stellen, dat het voedselpakket van een arbeidersgezin - zelfs enkel voor de aankoop van de levensnoodzakelijke produkten - zwaar doorwoog op het totale budget.

De verdere ontwikkeling van de hoeve

In de schaduw van de papiermolen groeide ook de hoeve, maar dan wel in een vertraagd tempo. In de jaren 1870 werden kunstmeststoffen in gebruik genomen om de voedingskracht van de bodem te vergroten. De hoeve werd meer en meer een zelfstandige entiteit waar gewerkt werd met eigen volk, nadat de papiermolen geen arbeidskrachten meer kon leveren, omdat men in 1864 begon met het industrialiseren van de kartonproduktie. De bedrijfsoppervlakte werd iets vergroot en denkelijk gaf dit in 1882 aanleiding tot de bouw van een nieuwe en grotere stalling met graanzolder. Later zou men meegesleurd worden in de mechanisatie van de landarbeid. Toen in de jaren 1920 de kartonfabriek werd opgegeven werd het sein op groen gezet om een extra inspanning te leveren voor de hoeve, die toen de enige bron van inkomsten werd. Het koncept van de hoeve, zijn ligging nabij Brussel en het afwezig zijn van een opvolging maakten echter, dat het bedrijf een verouderde struktuur heeft en slechts een pittoreske aanblik biedt.

BIJLAGEN

A. De verzekeringpolis van 1854
B. De bouwvergunning voor de brug uit 1862
C. Register van maalkosten voor de graanmolen, 1852
D. Produktie en verkoop van papier, periode 1834 - 1865
   Aankoop van vodden, periode 1835 - 1843
E. Aankoop van papier (als grondstof voor de kartonfabrikage) en verkoop van karton, periode 1858 - 1909
F. Jaarlonen van arbeiders te Herisem, periode 1834 - 1868
G. Lonen van arbeiders te Herisem, in het jaar 1889
H. Lonen van arbeiders te Herisem, periode 1922 - 1924
I. Reglement Cartonfabriek F. X. WINDERICKX te Alsemberg-Heidenbroeck
J. Enkele documenten met betrekking tot de fabriek, periode 1867 - 1915

N° 113776 B.14.077

Voirie

Ouvrage d'art,

La Députation permanente du Conseil provincial,

BIJLAGE B

De bouwvergunning voor de brug uit 1862

Vu la requête en date du 19 Mai courant par laquelle le Sieur Windericks demande à pouvoir construire un ponceau sur le ruisseau le Vermeulebeek à Tourneppe en aval de sa papeterie

Vu le rapport du conducteur des Ponts et Chaussées, Mallet, approuvé le 19 Juin 1862 par Monsieur l'Ingénieur en Chef

Vu l'avis du collège des Bourgmestre et Échevins de Tourneppe, en date du 28 Juin 1862,

Vu le règlement provincial sur la police des cours d'eau et des usines, inséré au mémorial administratif de 1844. Tome le N° 263.

Arrête:

art. 1er. L'autorisation demandée par le Sr Windericks lui est accordée aux conditions suivantes:

1° d'établir le ponceau en bonne maçonnerie, parallèlement à la direction du Vermeulebeek et de manière que son axe coïncide avec celui du ruisseau;

2° de donner à cet ouvrage une longueur de cinq mètres (5m) entre les têtes, une ouverture de trois mètres (3m) entre les pieds-droits et une hauteur sous clef d'un mètre trente centimes (1m 30)

3°

3° d'établir les fondations à 1m10 (centimètres) (1m10) au moins en contrebas du fond du ruisseau ;

4° de supporter les frais du curage du ruisseau sous l'ouvrage d'art, chaque fois que ce travail sera jugé nécessaire par l'administration communale, sauf recours à nous, en cas de contestation ;

5° de ne former aucune saillie ou anticipation ni sur le ruisseau ni sur la voie publique.

6° d'entretenir constamment le ponceau en bon état ;

7° d'être responsable envers les tiers des pertes dommages ou dégâts que l'exécution des travaux pourrait leur occasionner ;

8° de ne pas se prévaloir de la présente Ordonnance pour exécuter d'autres travaux que ceux autorisés ;

9° d'avoir terminé la construction du ponceau dans le délai d'une année à compter de la date de la présente autorisation ;

10° D'enlever cet ouvrage d'art à la première réquisition de l'autorité provinciale ; si celle-ci croyait devoir prescrire une semblable mesure), le pétitionnaire ne pourra prétendre de ce chef à aucune indemnité.

art

2

Art. 2 — Si à raison des stipulations qui précèdent, il y avait lieu d'exécuter des travaux d'office, les frais à en résulter seraient au besoin recouvrés, à charge de l'impétrant par voie de contrainte, comme en matière de contributions directes.

Art. 3 — Expédition de la présente ordonnance sera adressée à M.r l'Ingénieur en Chef, Directeur des Ponts & Chaussées, ainsi qu'au collège des Bourgmestre & Echevins de Tourneppe, respectivement chargés d'en assurer l'exécution; ce dernier en délivrera une copie à l'intéressé.

Bruxelles, le 7 juillet 1862

Présents: MM. Annemans, Président, Fierens, Mercier, Piret, Albrecht & Veydt membres; Desgains, Greffier provincial.

Le Président

Par ordonnance (Signé) Annemans.

Le Greff.r provincial

(Signé) Desgains

Pour expédition conforme.

Les Bourgm. & Echevins

Le Secrétaire, Fr. Vanhemelryck

[signature]

PLAATSELYK BESTUUR VAN TOURNEPPE (ZUID BRAB)

BIJLAGE C

Register van maalkosten voor de graanmolen, 1852

jan Wyns.

1852. Kleinspoort 29. 3. 6.

9ber 25 't gemaal van 2 zakken Koorn f ,, 8, 0
Xber 3 idem 2 id Boekweit id ,, 8, 0
id 7 id 2 id Koorn id ,, 8, 0
id 10 id 4 id Koorn id ,, 16, 0
id id id 2½ id Boekweit id ,, 10, 0
id 16 id 2 id Koorn id ,, 8, 0
id id id 2 id Terwe id ,, 12, 0
id 29 id 2 id Koorn id ,, 8, 0
id id id 2½ id Boekweit id ,, 10, 0
~~1851 Meert 12 ... gehaald~~ id 4 ,, 0, 0
1852 Meert 2. ½ id id id 2 ,, 0, 0
April 14 id id 4, 0, 0
30 7ber gemaalen 4 zakken Koorn id ,, 16, 0
Augustus 21 geleverd 1½ walt ... 4 ... id ,, 6, 0
July 20 id 1 ... id 1, 1, 6
ingegeven february 1853 A 364.56. of ... verkoop van Mosdel & Wanzeel id 2, ... 6.
gegeven 3000 ... ad f 0,50 pr % f 8. 5. 0
in ... 96. 36
1851
1847 1818. 1849. en 1850 138-58
89-62 364.56 f 53 ,, 2 ,, 6.

1851. De Rekening van J. D. Mosselmans
7ber 3 't gemaal van 2 zakken ~~Koorn~~ f ,, 10, 0
id 30 id 1 id ~~Terwe~~ id ,, 6, 2
1852
Januari 8. id 2 id Koorn id ,, 10, 0
id id id 2½ id Boekweit id ,, 10, 0
February 5 id 4 id Koorn id 1 ,, 0, 0
id id id 1 id ~~Terwe~~ id ,, 6 ,, 0
id id id 2½ id Boekweit id ,, 10, 0
id 19. id 2½ id id id ,, 10, 0
id id id 2½ id Koorn id ,, 10, 0
Meert 4. id 2 id id id ,, 10, 0
id 18. id 4 id id id 1, 0, 0
Mey 13 id 2 id id id ,, 10, 0

6 .12 .0

BIJLAGE D

Produktie en verkoop van papier, periode 1834 - 1865
Aankoop van vodden, periode 1835 - 1843

Jaar	Produktie (in taken)	Aantal kuipen	Verkopen (in riemen)	Jaar	Produktie (in taken)	Aantal kuipen	Verkopen (in riemen)
1834	1011.5	2	4299	1850	820.5	2	3453
1835	869	2	3693	1851	973.5	2	3303.5
1836	1009	2	4288	1852	851.5	2	2874
1837	875	2	3719	1853	856.5	2	3345
1838	1502.5	3	6646	1854	858.5	2	3345
1839	1584.5	3	6416	1855	850	2	3753
1840	1566	3	5485	1856	1035.5	2	4168.5
1841	1582	3	6375	1857	872.5	2	4008
1842	1580	3	6207.5	1858	522	2	3433
1843	1641.5	3	6365	1859	532	3	2718
1844	1561.5	3	6420	1860	845.5	3	3776
1845	1505	3	6510	1861	525.3	3	2356
1846	1548	3	6180	1862	375	3	1854
1847	963	3 → 1	3646.5	1863	374	3	1147
1848	660	1 → 2	2825	1864	116	3	893
1849	815	2	3045.8	1865	-	3	6

Jaar	Aangekochte vodden (in ponden)	Jaar	Aangekochte vodden (in ponden)
1835	71120	1840	147514
1836	83301	1841	157443
1837	68060	1842	137513
1838	139392	1843	130854
1839	141024		

BIJLAGE E

Aankoop van papier (als grondstof voor de kartonfabrikage) en verkoop van karton, periode 1858 - 1909

Jaar	Papier (in kg)	Karton (in kg)	Jaar	Papier (in kg)	Karton (in kg)
1858	6468	5652	1884	49464	(46700)
1859	7353	6536	1885	51246	(60000)
1860	10973	8292	1886	64444	(81000)
1861	15749	11803	1887	56190	(73000)
1862	14261	9658	1888	61026	(75000)
1863	16566	13933	1889	69972	(80000)
1864	19648	14090	1890	60592	74389
1865	23999	16879	1891	41430	68045
1866	26562	23408	1892	41623	63045
1867	28567	22224	1893	45076	71103
1868	31190	31770	1894	52958	61124
1869	21647	34606	1895		47726
1870	20234	33870	1896		48156
1871	30942	40814	1897		49385
1872	31086	50200	1898		50421
1873	23697	36917	1899		48992
1874	32638	43377	1900		53409
1875	30942	32842	1901	56748	47957
1876	29361	(30000)	1902	61500	52024
1877	32634	(48000)	1903	68336	54952
1878	28970	39720	1904	68410	60905
1879	27960	48529	1905	70396	72448
1880	34125	47733	1906	69520	70320
1881	39638	63916	1907		64492
1882	39351	58387	1908		59388
1883	53586	(51000)	1909		63355

De cijfers tussen haakjes zijn geschatte waarden, op basis van transportgegevens, aankopen van grondstoffen en enkele sleutelverhoudingen.

BIJLAGE F

Alle lonen in fr. Jaarlonen van arbeiders te Herisem, periode 1834 - 1868

Jaar	Papierschepper Papierkoetser	Heffer	Maalder	Handlanger	Dagloners Meisjes	Dagloners Jongens
1834	318.15	159.07	363.78	318.15		
	318.78	159.39		318.15		
1835	273.75	136.87	312.44	273.75		
1836	317.52	158.76	362.52	317.52		
	318.15	159.07		318.15		
1837	265.23	132.61	304.56	265.23		
	267.75	133.87		267.75		
1838	311.22	155.61	540.72	311.22		
	320.04	160.02		320.04		
1839	321.93	160.96	570.24	321.93		
	340.20	170.10		340.20		
1840	326.34	163.17	563.03	326.34		
	330.12	165.06		330.12		
1841	328.86	164.43	569.52	328.86		
	335.79	167.89		335.79		
1842	324.45	162.22	564.48	324.45	189.00	324.00
	365.85	170.73		365.85	108.00	
1843	320.58	147.15	549.58	320.58	190.47	326.53
	340.08	169.38		340.08	136.05	
1844	322.70	161.35	562.14			
	351.04	175.52				
1845	317.84	158.92	541.80			
	360.00	180.00				
1846	315.32	157.32	557.66			
	359.03	179.51				
1847	324.14	162.07	346.68			
	213.41	106.70				
1848	300.49	150.25	237.60			
	131.67	65.83				
1849	306.00	153.00	293.40			
	227.30	113.65				
1850	310.25	155.12	295.38			
	224.91	112.45				

vervolg z.o.z.

Jaar	Papierschepper Papierkoetser	Heffer	Maalder	Handlanger	Dagloners Meisjes	 Jongens
1851	340.65	170.62	350.46			
	294.12	147.06				
1852	297.00	148.50	306.54			
	259.24	129.62				
1853	283.13	141.56	325.47		157.39	230.96
	275.13	137.56				
1854	286.47	145.38	273.77		131.07	215.13
	248.56	124.28				
1855	319.82	156.41	315.04		164.79	202.02
	249.22	132.70				
1856	349.31	174.90	280.81	261.82	122.83 *	249.82
	289.66	145.35				
1857	165.15 °	79.12 °	150.18 °	156.39 °	197.15 "	126.48 °
	147.51 °	73.75 °				

N.B. * Berekend over 6 maanden.
° Berekend over 7 maanden
" Berekend over 14 maanden

Jaar	Papiermakers	Maalder	Maaldersgast
1860	440.80	500.00	214.11
	425.95		
	527.78		
1861	581.68	555.50	428.42
	593.05		
	490.13		
	544.37		
	627.26		
1862	476.48	565.50	398.40
	493.70		
	505.58		
	514.23		
	527.08		
1863	580.00	570.15	379.38
1864	570.00	378.54	253.32
1865	670.00		
1866	645.00		
1867	750.00		
1868	840.00		

BIJLAGE G

Alle lonen in fr. Lonen van arbeiders te Herisem, in het jaar 1889

– Mannen –			– Vrouwen –		
Dagloon	**Jaarloon**	**Gewerkte dagen**	**Dagloon**	**Jaarloon**	**Gewerkte dagen**
2.50	1118.12	447.25	1.30	390.97	300.75
	884.37	353.75		389.35	299.50
	842.50	337.00	1.05	293.21	279.25
2.00	675.00	337.50	1.00	287.75	287.75
	671.00	335.50		297.25	297.25
	678.50	339.25		294.00	294.00
	600.50	300.25		290.75	290.75
			0.85	235.23	276.75
			0.80	222.40	278.00
			0.75	227.25	303.00
			0.65	191.42	294.50
				190.77	293.50
			0.60	174.60	291.00
			0.55	163.62	297.50
			0.50	144.25	288.50

BIJLAGE H

Lonen van arbeiders te Herisem, periode 1922 - 1924 Alle lonen in fr.

	- Mannen -		- Vrouwen -	
Jaar	**Dagloon**	**Jaarloon**	**Dagloon**	**Jaarloon**
1922	11.35	3543	6.97	2174
1923	13.55	4229	7.50	2340
1924	13.66	4263	8.06	2515
1922	-	-	-	-
1923	-	-	7.52	2311
1924	13.81	4310	7.83	2443
1922	10.93	3411	6.42	2004
1923	12.11	3779	7.40	2311
1924	-	-	8.58	2679
1922	12.31	3843	3.77	1176
1923	14.47	4515	5.02	1567
1924	15.18	4737	5.42	1690

BIJLAGE I

Reglement Cartonfabriek F. X. WINDERICKX te Alsemberg-Heidenbroeck

- = *REGLEMENT* = -

1. Het is streng verboden sterke dranken in het fabriek te brengen of er in staat van dronkenschap binnen te komen 't zij voor te werken 't zij als vreemdeling.

2. Het is streng verboden te twisten in het fabriek waarvan ik alle gevolgen mij ontlast, inbegrepen gerechten ongelukken.

3. Het is streng verboden aan de werkelijke machien en andere werktuigen te reinigen gedurende de werkzaamheden dezer tuigen 't is te zeggen niet reinigen voor het tuig gansch stil staat en men onverzekerd van is.

4. Het is streng verboden het materiaal van het fabriek te beschadigen 't zij door veronachtzaamheid 't zij door kwaadwilligheid het kan dreigen tot gerechtsvervolging.

5. Het is streng verboden aan het materieel te werken 't zij voor reparatiën of andere behoeften gedurende hun werking.

6. Het reglement is geldig voor al de werklieden en ik verwerp alle oorzaken van veronachtzaamheid.

7. Werkuren: van 7 tot 8 ure van 8.30 tot 12 ure van 13 tot 16 ure van 16.30 tot 17.30 ure.

Opgemaakt op 1 september 1921

BIJLAGE J

Enkele documenten met betrekking tot de fabriek, periode 1867 - 1915

FABRIQUE de Papiers à la main.

FABRIQUE de Cartons en tout genre.

Messieurs Van Campenhout Doirent

à E. F. WINDERICKX,
A ALSEMBERG, N° 184.

Pour vente et livraison des marchandises désignées ci-dessous et expédiées à ses risques et périls par l'entremise de mon chariot payables à

Alsemberg, le 6 juillet 1867

		PRIX Francs	PRIX Cs	TOTAL Francs	TOTAL Cs
	100 paquets Carton gris à 1.725			172	50
	N° 17				
	12				

FABRIQUES
DE CARTONS EN TOUS GENRES
à Alsemberg et Tourneppe

E. F. WINDERICKX,
À
ALSEMBERG,
près Bruxelles

Tout télégramme pour être admis doit être affranchi de Rhode-St-Genèse à domicile.

Toutes les correspondances doivent être adressées à Alsemberg.

Alsemberg, le 4 juillet 1891

Messieurs G. Mooreis & Co
Anvers

J'ai l'honneur de vous informer que pour me couvrir du montant de mes factures des 5 juin 116.90
16 " 131.17
29 " 181.15
470.02
pour me couvrir de cette dernière somme je prendrai la liberté de disposer sur votre caisse au fin juillet courant.

En attendant Messieurs, je vous prie d'agréer l'assurance de ma considération très distinguée.

[illegible]

GARE D'EXPÉDITION. Buysingen

Par chemin de fer

GARE DE DESTINATION. Courtrai

Tarif N° III

bureau Restant

ENVOI DE WINDERICKX

Fabricant de Carton à Alsemberg.

MARQUES	NOMBRE	COLIS	POIDS
P	40	paquets carton paille	4000 kil
P		colis sacs vides en retour	
VDB	4	ballots sacs [illegible]	122 kil
			1622

Monsieur J. Desaeger Bayart

Cartonnier

Courtrai

L'EXPÉDITEUR,

Winderickx

Alsemberg, le 28 Sept 189[illegible]

FABRIQUES DE CARTONS

A LA MAIN ET A LA MÉCANIQUE.

Fr. Xavier Winderickx

À ALSEMBERG (Heidenbroeck) ET VIRGINAL

(Belgique)

Messieurs Dasimont Frères Doit

Pour vente et livraison des marchandises désignées ci-dessous et expédiées à ses risques et périls par l'entremise de mon Camion

payables à

Alsemberg, le 19 Decembre 1905

			Prix Fr.	Prix C.	Total Fr.	Total C.
		4/5 6/10 8/20 10/10 14/15				
		60 paq. Cart. ½ blanc Corted	16	50	99	00
		1 p%			1	00
					98	00

Toute réclamation doit être faite dans la huitaine
Tout télégramme pour être admis doit être affranchi de Hal à St Genèse à domicile.

Cartonneries Fr-H Winderickx

CARTONS A LA MAIN
GRIS, DEMI-BLANC
BLANC & CUIR
SPÉCIALITÉ DE CARTON
POUR CHAUSSURES
À ALSEMBERG

CARTONS PAILLE
ET GRIS
MÉCANIQUE, BLANCHIS
ET NON BLANCHIS
À VIRGINAL

Belgique

Alsemberg le 21 juin 1915 191

Gouvernement Allemand "Olzentrale"

Rue de l'Empereur N°14

Anvers

Duplicata

Messieurs,

Nous avons l'honneur de vous solliciter par la présente l'autorisation de l'achat de 200 kilos huile cylindrine et 200 kilos huile mince d'articulation chez M. T Tayart de Borms à Forest-lez-Bruxelles.

Notre consommation journalière est d'environ cinq kilos paur nos deux usines.

La force motrice de l'usine de Virginal ce compose des appareils suivants, une machine à vapeur de 80 cheveaux, une machine à vapeur de 20 cheveaux, une roue hydrolique de 40 cheveaux et une turbine hydrolique de 50 cheveaux la force motrice de l'usine d'Alsemberg est répresentée par par une machine à vapeur de 80 cheveaux et une roue hydrolique de 20 cheveaux.

Notre genre d'industrie est la fabrication du cartonk pour la confection des boîtes d'emballages, carton pour la reliure, carton blancs pour pancartes de réclame, etc carton cuir pour chaussures.

Dans l'attente de vos nouvelles, nous vous présentons Messieurs, nos salutations bien sincères.

signé Aug. Winderickx

SOCIÉTÉ ANONYME
DES
PAPETERIES DE RHODE ST-GENÈSE
(BELGIQUE)

ÉTABLISSEMENTS
DEMEURS FRÈRE & SŒURS
ANCIENS ET NOUVEAUX
PAPETERIES
A LA MAIN ET A LA MACHINE
MAISON FONDÉE EN 1773
Adresse pour Télégrammes
DEMEURS, RHODE ST.-GENÈSE
TÉLÉPHONE : RHODE-ST-GENÈSE Nº 1.

RHODE-SAINT-GENÈSE, 6 Aout 1915.
(BELGIQUE)

Monsieur F. Xavier Winderickx
Alsemberg.

Nous repondons a votre lettre de ce jour.

Enlevement du papier;
Le papier sera pret demain Samedi matin vers 8h ½.

Prêt d'un Cheval.
Malgré notre très vif desir de vous être agreable il nous est impossible de vous rendre ce service; ayant enormement de marchandises a transporter, par suite de notre remise en marche.

Veuillez agreer, Monsieur, nos sinceres salutations.

Soc. Anon. des Papeteries de Rhode St Genèse
L'ADMINISTRATEUR
Demeurs.

NOTEN

1. Gebied gelegen ten zuiden van Brussel, dat de volgende gemeenten omvat: Sint-Genesius-Rode, Linkebeek, fusiegemeente Beersel en Halle.

2. C. Theys; Geschiedenis van Dworp; p. 273.

3. ibid pp. 276-78.

4. Een 'banmolen' is een molen die werd opgericht met de toestemming van de grondeigenaar, aan wie een jaarlijkse vergoeding moest worden betaald.

5. C. Theys; Geschiedenis van Dworp; p. 274.

6. ibid p. 277.

7. Kabinetskaart van de Oostenrijkse Nederlanden; Braine-la-Leud, 78 (F8)-1; uitgegeven door het Gemeentekrediet van België; 1965.

8. C. Theys; Geschiedenis van Dworp; p. 287.

9. C. Theys; Geschiedenis van Alsemberg; p. 136.

10. Het was in onze streek gebruikelijk dat men bij het oprichten van grote gebouwencomplexen ter plaatse de stenen vervaardigde in veld-ovens. Op enkele plaatsen rond de Herisem molen treffen we nog sporen aan van deze ovens. Het is niet bekend tot wanneer men te Herisem zelf stenen vervaardigde.

11. Raad van Financiën; N° 4981 (1772-79); Rijksarchief.

12. R. L. Hills; A brief history of papermaking; p. 12.

13. R. de Herdt, B. de Graeve; Kinderarbeid van omstreeks 1800 tot 1914; p. 23.

14. Een 'apprenti' is een leerjongen. Het leerkontrakt werd ingesteld tijdens de Napoleontische jaartelling.

15. Een 'zitter' is een oude inhoudsmaat voor granen, waarschijnlijk ter grootte van 48 kg.

BRONNEN EN LITERATUUR

Het onderhavige werk is het resultaat van een studie van het nog resterende deel van het bedrijfsarchief van de Herisem molen. We beschikken echter niet over alle documenten. Met het aanwezige materiaal bleek het mogelijk een sluitend overzicht te geven van de evolutie van het bedrijf na omstreeks 1830. De ontbrekende delen van het archief werden daarbij zoveel mogelijk aangevuld met mededelingen van de huidige eigenaar. Ook konden we een beroep doen op de hulp van een arbeider uit de fabriek, en op enkele mensen die ooit op enige wijze met de Herisem molen te maken hadden.
Een belangrijke, niet gepubliceerde studie is:

M. Henderickx; Is industriële archeologie, op de vooravond van de industriële revolutie, voor de papierindustrie te Dworp mogelijk?; Seminarie Leuven; academiejaar 1976-77.

Geraadpleegde werken

M. A. Arnould; Quand sont apparus les premiers moulins à papier dans les anciens Pays Bas? In: Drukkerijen en papiermolens in stad en land van de 14e tot de 16e eeuw, economische en sociale aspecten. Handelingen van het Internationaal Colloquium, 11-14 september 1973, Spa. Gemeentekrediet van België; Pro Civitate, reeks in-8°; N° 43, 1976.

B.R.T. Open School; Geschiedenis van de kleine man; boek naar aanleiding van 14 tv en 7 radioprogramma's; St-Amandsberg; 1979.

R. A. Buchanan; Industrial Archæology in Britain; Suffolk; derde uitgave, 1977.

R. de Herdt, B. de Graeve; Kinderarbeid van omstreeks 1800 tot 1914; catalogus van de gelijknamige tentoonstelling te Gent, 8 december 1979 tot 27 januari 1980; Gent; 1979.

R. L. Hills; A brief history of papermaking; North Western Museum of Science and Industry, Manchester.

W. Kaefer; Le projet du musée national du papier à Malmedy. In: Technologia Bruxellensis; 2.1 (1979).

Kritak dossier; Wat zoudt gij zonder 't werkvolk zijn? Anderhalve eeuw arbeidersstrijd in België. Deel I (1830-1966); Leuven; vierde druk, 1979.

P. Mertens; Le moulin Winderickx à Alsemberg. In: Brabant- Tweemaandelijks tijdschrift van de toeristische federatie van Brabant; N° 1, 1974; pp. 44-49.

V. Mirguet; Histoire des Belges et de leur civilisation; Brussel; 1896.

S. Pierron; Histoire illustrée de la Forêt de Soignes; Brussel; 1973 (herdruk 1936).

Sfinks vzw; Toen het leven nog een kortstondig verblijf in de textielfabriek was ... Een fotomontage van de industrialisatie in de Belgische vlas-, katoen- en wolindustrie (1800-1914). Katalogus uitgegeven naar aanleiding van de gelijknamige tentoonstelling; Boekhout; 1979.

C. Theys; Geschiedenis van Dworp; Brussel; 1948.

C. Theys; Geschiedenis van Alsemberg; Brussel; 1960.

C. Theys; Geschiedenis van Sint-Genesius-Rode; Brussel; 1960.

H. van der Wee; Historische aspecten van de economische groei. Tien studies over de economische ontwikkeling van West Europa en van de Nederlanden in het bijzonder (12e -19e eeuw); Antwerpen/Utrecht; 1972.

A. Wauters; Histoire des environs de Bruxelles, ou description historique des localités qui formaient autrefois l'ammanie de cette ville; Brussel; 1971 (nieuwe uitgave van de originele tekst van 1851, aangevuld met meerdere illustraties).

W.I.A.R.U.G.; Vijfde nationaal congres voor industriële archeologie: textiel; Gent, 26 en 27 november 1977; Handelingen; Gent; 1979.